KT-234-975

CICIO'R BWCED

NEATH PORT TALBOT LIBRARIES

Er cof am Nain, Maggie Elen,
un oedd wrth ei bodd yn darllen.

CICIO'R BWCED

Marlyn Samuel

y Lolfa

Diolch i Wasg y Lolfa am eu cefnogaeth.

Diolch yn arbennig i Meleri Wyn James, fy ngolygydd,
am ei sylwadau craff a'i hawgrymiadau doeth a gwerthfawr.

Diolch hefyd i Iwan – fy nghraig.

Argraffiad cyntaf: 2019
© Hawlfraint Marlyn Samuel a'r Lolfa Cyf., 2019

*Mae hawlfraint ar gynnwys y llyfr hwn ac mae'n
anghyfreithlon llungopïo neu atgynhyrchu unrhyw ran ohono
trwy unrhyw ddull ac at unrhyw bwrpas (ar wahân i adolygu)
heb gytundeb ysgrifenedig y cyhoeddwyr ymlaen llaw*

Cynllun y clawr: Sion Ilar
Llun y clawr: Andy Robert Davies

Rhif Llyfr Rhyngwladol: 978 1 78461 768 4

Dymuna'r cyhoeddwyr gydnabod cymorth ariannol
Cyngor Llyfrau Cymru

Cyhoeddwyd ac argraffwyd yng Nghymru
ar bapur o goedwigoedd cynaliadwy gan
Y Lolfa Cyf., Talybont, Ceredigion SY24 5HE
e-bost ylolfa@ylolfa.com
gwefan www.ylolfa.com
ffôn 01970 832 304
ffacs 01970 832 782

*"We all have two lives. The second one starts when
we realize that we only have one."*
Tom Hiddleston

*"Life has no replay, so live it and love it...!
Before you kick the bucket."*
Abi Lohonda

NEATH PORT TALBOT LIBRARIES	
2300136341	
Askews & Holts	17-Dec-2019
AF	£8.99
NPTPON	

Dach chi'n siŵr mai dim boddi nath o?

BOB BORE SUL yn ystod yr oedfa, byddai meddwl Menna'n crwydro. Yn hytrach na phendroni am bethau megis ai *toupee* ynte gwallt go iawn oedd gan y pregethwr ar ei ben, neu lunio rhestr siopa bwyd ar gyfer yr wythnos honno, mi fyddai Menna'n meddwl am wahanol ffyrdd o ladd ei gŵr.

Rhoi waldan wyllt iddo efo coes cig oen oedd y ffefryn. Mi feddyliodd am honna wrth iddi dynnu coes allan o'r rhewgell un nos Sadwrn. Gallai fwyta'r arf efo cabets coch a mint sôs a fyddai neb ddim callach. Roedd hi hefyd wedi llygadu'r clwstwr o fyshrwms amheus yng nghornel yr ardd. Gallai ffrio ychydig o'r rheini efo menyn a'u rhoi nhw i Glyn efo iau a grefi nionyn, ei ffefryn. Pa ffordd well i adael y fuchedd hon, meddyliai, nag ar ôl gwledda ar ei hoff ffidan? Opsiwn arall, wrth gwrs, fyddai llacio'r carped ar ris ucha'r grisiau, un bagliad sydyn a dyna ni.

Bob tro y byddai meddyliau hyll fel hyn yn llenwi ei phen, byddai 'na ias oer yn rhedeg i lawr ei chefn. Fel petai 'na rywun yn cerdded ar ei bedd. Gwyddai'n iawn fod pendroni am feddyliau fel hyn yn gwbl wrthun. Yn beth uffernol a dweud y gwir. Fyddai hi'n synnu dim petai 'na fellten yn ei tharo'n gelain yn y fan a'r lle. Dylai hi gael ei charcharu am oes am hyd yn oed meddwl ffasiwn bethau. *Premeditated* myrder. Dyna be oedd hi'n euog ohono. Oedd meddwl am ladd eich gŵr yn

7

gyfystyr â chyflawni'r weithred ei hun? Yn yr un modd, a oedd meddwl am odinebu yn gyfystyr â godinebu go iawn?

Rhyw feddyliau fel hyn oedd yn mynd rownd a rownd ym mhen Menna wrth iddi chwilio am yr emyn nesaf yn Y *Caniedydd* ac yna codi ei gorwelion tuag at Glyn yn morio canu yn y sedd fawr. 'Na ladd.' Roedd Menna'n eithaf saff mai dyna be oedd o'n ei ddweud yn y Beibl. Ond eto, doedd hyd yn oed hynny ddim yn ei stopio rhag meddwl am wahanol ffyrdd o ladd ei gŵr.

Un pnawn Sadwrn glawog, a Glyn wedi dweud wrth Menna ei fod yn mynd i bysgota, gwireddwyd ei dymuniad. Galwodd plismon ifanc heibio i dorri'r newyddion bod ei gŵr wedi cael trawiad angheuol. Prin y gallai atal ei hun rhag ei gofleidio a rhoi clamp o sws iddo.

'Trawiad, ddudoch chi?' meddai Menna'n syn, a hithau wastad wedi meddwl mai damwain car fyddai Glyn yn ei gael.

Nodiodd y plismon bach ei ben gan lyncu ei boer. Hwn oedd y tro cyntaf iddo orfod torri newyddion drwg i aelod o'r teulu ac mi roedd o'n cachu planciau.

'Dach chi'n siŵr mai dim boddi nath o?'

'Boddi?'

'Wrth ddisgyn i mewn. Ella ei fod o wedi cael trawiad ond mai boddi nath o. Neu ei fod o wedi cael trawiad ar ôl iddo ddisgyn i'r dŵr oer.'

'Ma'n ddrwg gin i? Dwi ddim cweit efo chi, Mrs Wilias.'

Nid yn unig roedd plismyn yn mynd yn fengach, roedden nhw'n mynd yn fwy dwl hefyd, meddyliodd Menna. 'Boddi yn yr afon, 'te. Nath o ddim disgyn i mewn? Wedi mynd i sgota o'dd o, dach chi'n gweld... Ta waeth, mae o wedi marw beth bynnag, tydi?'

'A'th yr ambiwlans â fo i'r ysbyty o 16 Maes y Wern, ddim o lan unrhyw afon, Mrs Wilias. Mi ffoniodd Miss Tracey Donnelly yr ambiwlans a dweud bod Mr Glyn Wilias wedi colapsio tra roedd y ddau'n...'

Cochodd y PC at ei glustiau ac aeth ei ddwy lygad yn fawr fel dwy soser. Llyncodd ei boer. Gwyddai ei fod wedi rhoi ei ddwy droed yn y cach go iawn. Roedd hi'n glir fel jin mai sgota am fath arall o sgodyn oedd yr hen Glyn.

'O'dd o wedi'n gada'l ni cyn cyrradd yr ysbyty'n anffodus.' Aeth y plisman bach yn ei flaen. 'Mi driodd y paramedics neud bob dim gallen nhw, Mrs Wilias.'

'Gymrwch chi banad a thamad o Fictoria sbynj cêc?' gofynnodd Menna heb droi blewyn. 'Bora 'ma 'nes i hi. Dowch, fytith Glyn mohoni hi rŵan.'

Felly, rhag brifo teimladau gweddw newydd, a gan ei fod ar ei gythlwng, bwytodd ddarn nobl o'r sbynj yn harti. Golchwyd y cwbl i lawr efo mygiad mawr o de.

'Fysach chi licio i ni gysylltu efo aelod arall o'r teulu?' holodd rhwng cegaid o'r Fictoria sbynj.

'Dim diolch i chi, ngwas i,' atebodd Menna'n ôl gan wenu. 'Mi ffonia i Michael y mab, ar ôl ffonio'r ymgymerwr. Yn Nhreorci mae o a Carol ei wraig yn byw. Pell dio, 'te? Ma'n gynt mynd i Lundain ar y trên, tydi? Gymrwch chi ddarn bach arall o sbynj? Dewch yn eich blaen...'

Felly ar ôl tafell arall o Fictoria sbynj a mygiad arall o de, dychrynodd y plisman pan sylweddolodd faint o'r gloch oedd hi. Mi fyddai'r sarjant yn methu deall lle roedd o wedi bod gyhyd. Gallai ddweud bod Mrs Williams wedi ypsetio'n ofnadwy ar ôl clywed y newyddion ac iddo orfod aros efo hi am sbel i'w chysuro. Laddodd ychydig o gelwydd golau neb erioed.

'Dach chi'n siŵr y byddwch chi'n iawn ar eich pen eich hun?' gofynnodd ar ei ffordd allan.

'Byddaf tad, ngwas i. Mi fydda i yn *champion* rŵan.'

Sylwodd fod gwên fawr lydan ar wyneb Menna.

Graduras fach, meddyliodd wrth yrru i ffwrdd. Roedd hi'n amlwg mewn sioc. Dim dyma ymarweddiad arferol gweddw oedd newydd golli ei gŵr. Yn enwedig gŵr oedd wedi cicio'r bwced mewn amgylchiadau llawn cywilydd ac embaras. Roedd y boi yn ei saithdegau'n bell, er mwyn dyn – dim rhyfadd ei fod o wedi cael y farwol. Hen gi drain iddo, yn twyllo ei wraig fach fel'na, meddyliodd wedyn. A honno'n sgit am wneud sbynjys.

Fel'na 'sen i'n lico mynd

'PUM AWR! MA'R peth yn warthus! Pum awr. Mi fysa hi wedi cymryd llai o amser i ni fflio o Gaerdydd i Sbaen a fflio'n ôl, myn uffar i!' tantrodd Michael wrth dynnu'r ddau *holdall* allan o fŵt y car.

Roedd fel petai fflyd gyfan o lorïau Mansel Davies a'i Fab wedi teithio o'i flaen y bore hwnnw. Fel roedd o'n llwyddo i oddiweddyd un, dyna lle roedd 'na dancyr arall yn ymlwybro rownd y gornel nesaf. Roedd rhif ffôn a rhif ffacs y cwmni wedi'u serio ar ei gof am byth.

Roedd yn casáu teithio ar yr A470 beth bynnag, a lleiaf yn y byd y byddai'n gorfod teithio ar y gnawas, y gorau. Ond ar ôl i'w dad gicio'r bwced mor ddisymwth, doedd ganddo fo fawr o ddewis ond trampio'n ôl i Sir Fôn.

Piti ar y jawl na fydden i yn Sbaen nawr, meddyliodd Carol, gan roi ei sbectol haul yn ôl ar ei phen. Gallai fod wedi gwneud heb hyn. Roedd hi wedi gorfod canslo apwyntiad i liwio a thorri ei gwallt, ac apwyntiad *shellac*. Duw a ŵyr sut siâp fyddai ar ei gwreiddiau a'i hewinedd erbyn y cynhebrwng. Lle roedd y salon agosaf at Lanfaethlu? A gweud y gwir, lle roedd Llanfaethlu? Petai Glyn wedi dal arni tan wythnos nesaf, mi fyddai hi wedi cael gwneud ei hewinedd a'i gwallt erbyn hynny. Tipical o Glyn, meddwl am neb ond amdano fe ei hunan.

'Am faint ti'n meddwl fydd rhaid i ni aros?' gofynnodd, gan bigo cwtigl un o'i hewinedd.

Roedd yn gas gan Carol y gogledd. Rhondda Valley girl oedd

hi o'i chorun i'w sawdl. Munud roedd hi wedi pasio Mallwyd byddai'n cael rhyw hen bwl o hiraeth mwyaf sydyn. Teimlai fod y tywydd yn waeth lan yn y gogs bob amser. Wastad yn glawio mwy yno, ac yn chwythu, yn enwedig lan yn blincin Sir Fôn. Roedd hi'n oerach lan 'na hefyd, fel y croeso.

'Tan ar ôl y cynhebrwng beryg,' atebodd Michael 'Dwi'm yn bwriadu aros munud yn hirach na be sy raid i mi, dallta.'

Doedd gan Michael rithyn o deyrngarwch na chariad at ei dad ers blynyddoedd. Mi heglodd hi o Lanfaethlu a Sir Fôn y cyfle cyntaf gafodd o. A phrin iawn oedd ei ymweliadau 'nôl. Ychydig o ddyddiau dros Dolig a rhyw wythnos yn yr haf, ac oherwydd ei fam oedd hynny.

'Ar ôl yr angladd?' ebychodd Carol a'i hwyneb fel taran. Waeth petai o wedi datgan eu bod yn gorfod aros mewn carafán ym Mhrestatyn yng nghefn gaeaf, heb drydan na gwres, wrthi ddim. 'Ond be ambytu Sophie a Chantal?'

'Duwcs, mi fydd y ddwy siort ora, siŵr iawn.'

'Ond smo ni riôd 'di gadel y ddwy am gyment o amser o'r blân.'

'Ella ei bod hi'n hen bryd i'r ddwy ddechrau arfer.'

Ers i Sophie a Chantal landio, doedd y ddau heb gael fawr o wyliau i ffwrdd efo'i gilydd. Roedd Carol yn anfodlon iawn gadael ei babis. Weithiau roedd Michael yn grediniol bod gan Carol fwy o feddwl o'r ddwy ast Pomeranian nag yr oedd ganddi ohono fo. Wedi dweud hynny roedd y cŵn yn rhoi'r esgus perffaith i'r ddau rhag gorfod mynd i weld ei fam a'i dad yn rhy aml. Roedd methu gadael y cŵn, neu fethu cael lle yn y cenel, yn rheswm handi iawn.

Er bod digonedd o le i barcio ar y graean o flaen y tŷ, parciodd Michael ar y glaswellt. Gwnaeth hynny fel y weithred olaf o amarch i'w dad, ac er diawledigrwydd. Bob tro y byddai rhywun yn meiddio parcio ar wair Glyn byddai'n mynd i dop caets. Cymerai falchder mawr yn ei laswellt gan ei dorri'n ddeddfol bob bore Sadwrn, ynghyd â golchi'r Jaguar.

Disgwyliai'r ddau weld ei fam yn ei dagrau ar y Parker Knoll yn y rŵm ffrynt, yn cael ei chysuro gan ffrind cydymdeimladol. Dim ond unwaith y flwyddyn y byddai'r rŵm ffrynt yn cael ei phresenoli fel arfer, a hynny ar ddiwrnod Dolig. Ar yr achlysur hwnnw yn ddieithriad byddai'r stafell yn llawn mwg ar ôl i ryw hen jac do powld wneud ei nyth yn y corn simdde. Yr unig adegau eraill byddai'n cael defnydd oedd i gyfarfodydd hysh-hysh Glyn. Ond heddiw roedd y stafell yn wag a dim golwg fod 'na unrhyw ddefnydd wedi cael ei wneud ohoni'n ddiweddar.

'Mam?' galwodd Michael.

Dim ateb. Aeth drwodd i'r lobi a sefyll ar waelod y grisiau. Trotiodd Carol ar ei ôl yn ei sodlau.

'Mam?' galwodd eto. Mae'n rhaid ei bod hi wedi mynd i orwedd ar ei gwely, meddyliodd. 'Fyny ydach chi?'

Dechreuodd y ddau snwffian. Na, doedd bosib? Dilynodd y ddau eu trwynau. O gyfeiriad y gegin deuai aroglau bwyd bendigedig. Aroglau cinio dydd Sul.

Aeth y ddau drwodd a chanfod Menna'n tynnu tre o *Yorkshire puddings* braf o'r popty.

Gwenodd pan welodd ei hunig fab a tharodd yr *Yorkshire puddings* ar y wyrctop.

'Dach chi wedi landio.'

Cofleidiodd Michael yn dynn ac yna cofleidio ei merch yng nghyfraith, ond ddim cweit mor dynn. 'Reit dda. Ma bwyd bron yn barod. 'Nei di dorri cig, 'ta, Michael?'

Edrychodd Michael a Carol ar ei gilydd yn gegrwth, ac ar y bwrdd a oedd wedi'i arlwyo ger eu bron.

'Ma'n siŵr bo chi'ch dau ar lwgu. Sut o'dd y traffig?'

'O'dd ddim isio i chi fynd i drafferth siŵr,' meddai Michael, gan amneidio i gyfeiriad y bwrdd. 'Fysa bechdan wedi gneud yn iawn i ni, bysa, Carol?'

Nodiodd honno'n gytûn, gan feddwl ar yr un pryd tybed oedd 'na botel o win coch bach neis ar gael i gyd-fynd efo'r tamaid cig eidion.

'Twt lol, rhaid i chi ga'l bwyd iawn, yn bydd?'

'Am agor siop gêcs dach chi?' meddai Michael, gan amneidio i gornel bella'r gegin lle roedd cacennau megis torthau brith, *lemon drizzles* a sbynjys wedi'u pentyrru rif y gwlith. Doedd prin bedair awr ar hugain wedi pasio ers i Glyn roi ei chwythiad olaf ac yn barod roedd 'na ddigon o gacennau wedi landio i gynnal bore coffi os nad un am wythnos gyfan.

Ysgwyd ei phen wnaeth Menna. Roedd hi'n bwriadu eu rhewi i gyd. Dônt yn handi pan ddeuai ei thro hi i wneud paned efo Merched y Wawr neu Gymdeithas y Capel. A gallai fynd ag un ohonyn nhw efo hi pan mai hi fyddai'n cydymdeimlo.

'Be ddigwyddodd iddo fo, Mam? Trawiad ddeudoch chi ar y ffôn. Wydden ni ddim ei fod o'n cwyno efo'i galon,' holodd Michael, gan daro darn slei o fîff i'w safn.

'Mi o'dd 'na wendid mawr yn honno mwya'r piti. Rŵan dewch at y bwrdd. Gin i botel o win yn rwla 'ma hefyd. Gwin coch ydi o, rwbath 'nes i ei hennill mewn raffl. Lle rois i hi, dwch?'

Eisteddodd y tri i lawr wrth y bwrdd a dechrau claddu i'r wledd roedd Menna wedi'i pharatoi ar eu cyfer.

Ymhen sbel, datganodd Carol yn ddifrifol: 'Fel'na 'sen i'n lico mynd.'

'Ma'n ddrwg gin i?' Bu bron iawn i Menna dagu ar ei thaten rost. Daeth y llun anffodus hwnnw o Glyn a Tracey i'w phen.

'Marw. Ni i gyd yn goffod mynd rhyw ddyrnod, on'd y'n ni? 'Sen i'n ca'l dewis, harten gloi fel'na 'sen i'n lico'i cha'l.'

'Yn lle o'dd o? Be yn union o'dd o'n ei neud, 'lly?' holodd Michael a'i geg yn llawn.

'Yn lle o'dd o hapusa,' atebodd ei fam yn ôl yn swta. 'Yn gneud be o'dd yn ei neud o'n hapus.'

Ochneidiodd yn dawel. Syllodd ar ei mab, oedd yn mynd yn debycach i'w dad bob dydd, efo'i wallt yn teneuo a'i wast yn tewhau. Sawl gwaith roedd hi wedi dweud wrtho pan oedd o'n hogyn bach i beidio â siarad â'i geg yn llawn? Roedd o dal wrthi er ei fod bellach yn tynnu am ei hanner cant.

'Lle o'dd hynny?' holodd drachefn.

'Gymerwch chi fwy o gig?' Cododd Menna o'r bwrdd yn wyllt. 'Ma 'na ddigon yna. Dwi am gymryd sleisen fach fy hun dwi'n meddwl. Does 'na'm curo cig o siop fwtsiar Evie Rees. Weithia, mi fyddai'n prynu cig yn Tesco neu Morrisons, ond does 'na ddim cymhariaeth, cofiwch.'

'Sgota o'dd o 'lly, ia?' triodd Michael eto.

'Mmm?'

'Sgota o'dd Dad?'

'Ia... Ia, 'na chdi, ngwas i. Sgota.'

Canodd y ffôn a neidiodd Menna i'w ateb. Galwad arall gan rywun yn cydymdeimlo debyg, a diolch amdani, meddyliodd. Amseriad perffaith. Aeth drwodd i'r lolfa i gymeryd yr alwad.

Y funud y cafodd Michael gefn ei fam trodd at Carol: 'Ydi Mam yn iawn, dwa?' sibrydodd yn uchel. 'Ma hi'n bihafio fel tasa nhad wedi piciad allan i nôl papur ac y bydd o yn ei ôl unrhyw funud.'

'Wel, ma'i stumog hi'n iawn, ta beth,' meddai Carol, gan amneidio i gyfeiriad plât gwag Menna. ''Se rhwbeth yn digwydd i Chantal neu Sophie 'sen i ddim yn gallu disghwl ar fwyd heb hwdu, heb sôn am ei fyta fe.'

Brifwyd Michael rhyw fymryn o glywed hyn. Mi fysa hi wedi bod yn neis clywed y byddai hi'n chwydu ei gyts petai 'na rywbeth yn digwydd iddo fo, yn hytrach nag i'r ddwy ast swnllyd 'na. Ond doedd ganddo ddim amser i bendroni am hynny'r eiliad honno, roedd pethau pwysicach i boeni amdanyn nhw, sef stad feddyliol ei fam.

'Mi fydd yn rhaid i ni gadw llygaid arni hi, sdi.'

'Falle y dylen ni ga'l y peth *power of attorney* 'na dros ei phethe hi, ti'mbo.'

'Ew, ti'n meddwl?'

'Wel, os yw dy fam yn dechre mynd yn dw lal, falle 'se well i ti ga'l yr hawl i neud penderfyniade pwysig drosti. Ca'l *control* dros ei harian hi a phethe fel'ny, rhag ofan. 'Na beth ma Llinos 'di neud.'

'Ond ma tad honno mewn *care home* ers blynyddoedd.'

'A falle y bydd rhaid i ni ystyried rhoi dy fam mewn un 'fyd.'

'Be? Ond tydi Mam ddim angen mynd i gartra siŵr... Be haru chdi! Mewn sioc ma hi... Mewn galar...'

'Shh! Co hi...'

Clywyd llais Menna'n agosáu:

'Ia, dyna chi, Edward. Ddydd Mawrth nesa, hanner awr wedi un yn Bethania. Wela'i chi 'radeg hynny... Diolch fawr... Hwyl rŵan. Ta-ta.'

Rhoddodd y ffôn yn ôl yn ei grud ac yna trodd at Michael a Carol gan wenu:

'Reit, 'ta. Pwy sy am bwdin reis?'

Awê 'da'r fairies

G WAWRIODD DIWRNOD Y gladdedigaeth.
'Oh, what a beautiful morning, oh what a beautiful day...'

Wrth i Michael siafio'n y bathrwm, meddyliodd ei fod yn dechrau clywed pethau. Roedd yn amau'n gry bod sŵn canu yn dod o gyfeiriad stafell wely ei fam drws nesa. Stopiodd i glustfeinio. Na, doedd o ddim yn clywed pethau, mi roedd ei fam yn canu. Heddiw o bob diwrnod! Gollyngodd ei shefyr yn y sinc mewn sioc.

'I've got a wonderful feeling, everything's going my way.'

'Ti'n meddwl ei bod hi 'di ca'l rhyw fath o frecdown, dwa?' gofynnodd i Carol wrth glymu ei dei.

'Sai'n gwbod wir. Wi wastad wedi meddwl bod hi tam 'bach awê 'da'r *fairies*. Byth yn gweud bw na be 'tho neb. A gweud y gwir ma hi 'di siarad mwy wthnos hyn na beth wi 'di'i chlywed hi'n siarad eriôd o'r blân. Cynta'n byd y cawn ni *power of attorney* y gore, cyn iddi fynd yn rhy hwyr. A gweud y gwir, fydde fe ddim yn ddrwg o beth fod popeth yn dy enw di o hyn mlân.'

Ers ymadawiad Glyn, roedd Carol wedi bod yn rhoi pwysau ar Michael i sôn wrth ei fam am y busnas *power of attorney*. Ond cyndyn iawn oedd Michael i godi'r mater delicêt efo hi. Yn wir, doedd o ddim yn teimlo bod angen peth felly beth bynnag. Roedd marblis ei fam i gyd yn ei meddiant hi.

Ond roedd Carol fel ci efo asgwrn, a hithau'n gwybod bod Menna bellach yn fwy na chyffordus yn ariannol.

'Falla, fydde fe ddim yn ddrwg o beth i ni ddechre neud ymholiade ambytu cartrefi heno'd... ar gyfer y dyfodol. Nago's un neis ar bwys Aberffraw? Ife yn hwnnw o'dd dy Anti Kitty am sbel? Os wy'n cofio'n iawn, o'dd dim ogle piso o gwbwl fan'ny.'

'No we ma Mam yn mynd i gartra. Ma'r ddynas yn holliach.'

'Wel, ma hi wedi bod yn bihafio'n od iawn ers colli dy dad. So hi wedi torri lawr i lefen unwaith,' meddai Carol wedyn, yn edmygu ei hun yn y drych gan jecio yr un pryd nad oedd ei lipstic Imperial Red wedi smwtsio. Roedd hi wedi llwyddo i gael apwyntiad i liwio'i gwallt mewn salon yn Llangefni. Roedd y ferch a oedd ar *day release* o Goleg Menai wedi gwneud jobyn difai chwarae teg iddi ac am hanner prisiau Caerdydd. 'Wi rili yn becso amdani hi. Sai'n gwbod shwt neith hi ymdopi heb dy dad. O'dd hi'n dibynnu arno fe. Y fe o'dd yn sorto pob peth.'

'Mae o'n od nad ydi hi 'di crio o gwbwl,' cytunodd Michael.

Ond wrth afael yn ei fraich, wrth gerdded y tu ôl i'r arch o'r tŷ am y car, dechreuodd gwefus ei fam grynu a phowliodd y dagrau i lawr ei bochau.

'Dach chi'n iawn, Mam?' gofynnodd, gan wasgu ei braich yn gysurlon.

Nodiodd hithau ac estyn am ei hances.

'Gweld y gwely rhosys 'na 'nes i. Atgoffa fi o dy dad...'

Diolch i Dduw, o'r diwedd mae hi'n bihafio'n normal, meddyliodd Michael. Bihafio fel gwraig sydd newydd golli ei gŵr.

Roedd yn rhaid i Michael gyfaddef i'w fam fod yn ymddwyn mwyaf rhyfedd ers i'w dad farw. Cyn iddo gael cyfle i oeri'n iawn hyd yn oed, roedd hi wedi clirio ei ddillad i gyd. O'i *pullovers* Pringle i'w dronsiau (ar wahân i'r rhai oedd wedi dechrau breuo yn y gyset, cadwodd Menna'r rheini fel dystars). Plygodd nhw'n dwt ac aeth â phedwar llond bag bin mawr du i'r banc ailgylchu ar gyrion y pentre. Yn wir, roedd pob arwydd o'i dad wedu'i ddileu o'r tŷ. Doedd dim llwchyn o'i hoel i'w weld yno. Dim llun, dim hosan unig, dim rasel, dim hyd yn oed blewyn strae. Sioc, dyna be ydi hyn, meddyliodd, gan wasgu braich ei fam yn dynn. Mi oedd ei fam mewn sioc. Doedd dim dwywaith amdani.

Be ti'n neud 'nôl 'ma?

DEFFRODD MENNA. COFIODD. A gwenodd. Neithiwr eto roedd hi wedi cael noson dda o gwsg. Yn wir, ers ymadawiad Glyn roedd hi wedi cysgu fel twrch. Dim mwy o ruadau chwyrnu mawr. Dim mwy o gael ei gwthio i ymyl y fatras oherwydd bod bylc yr hylc o'r gŵr 'na oedd ganddi'n dwyn tri chwarter y gwely. Lledodd ei choesau a'i breichiau'n braf gan wneud siâp seren. Dyma be ydi nefoedd, meddyliodd.

Roedd hi angen prynu gwely newydd. Roedd y matras oedd ganddi wedi hen bantio a gallai ddal i arogli sawr chwyslyd Glyn. A bod yn onest roedd hi awydd rhoi sbring clîn iawn i'r stafell, drwy'r tŷ i gyd a deud y gwir. Dodrefn a chelfi, paentio, papuro a charpedi newydd. Ers blynyddoedd roedd Penrallt angen sbriwsiad iawn, ond roedd Glyn yn rhy grintachlyd i wario. Ond ddim bellach. Roedd pethau'n mynd i newid o hyn ymlaen. Cynta'n byd y byddai'r holl gyfrifon banc oedd yn enw Glyn yn unig yn cael eu trosglwyddo i'w henw hi, y gorau.

Pan ffoniodd Arfon Davies, yr ymgynghorydd ariannol, i gydymdeimlo'n llaes efo hi, dechreuodd sôn am ryw bolisi insiwrans. Torrodd Menna ar ei draws:

'Diolch yn fawr iawn i chi am ffonio ac am y cynnig ond dwi ddim isio prynu'r un polisi, diolch fawr i chi.'

'Na, na, dach chi wedi camddallt, Mrs Wilias bach, isio trafod polisi insiwrans eich gŵr ydw i.'

'Polisi insiwrans? Pa bolisi, dwch?'

'Oeddech chi ddim yn gwybod? Ylwch, ella fysa'n well i mi

ddod draw i gael gair efo chi ac i esbonio bob dim. Pa bryd fysa'n gyfleus i mi alw?'

Felly pan alwodd y bonwr draw, cafodd Menna sioc ei bywyd pan ddeallodd bod gan Glyn insiwrans bywyd a oedd i dalu'r swm anrhydeddus o ddau gant ac ugain o filoedd ar ei farwolaeth. Mi roedd yn rhyw fath o gompensation am orfod byw efo fo am yr holl flynyddoedd mae'n siŵr, meddyliodd wrth dorri tafell dew o dorth frith i'r ymgynghorydd ariannol clên.

Soniodd Glyn erioed am y polisi. Er doedd hynny ddim yn ei synnu hi chwaith. Gwyddai'n iawn nad oedd o wedi cymryd polisi oherwydd ei gonsyrn a'i gariad angerddol tuag ati. Na chwaith er mwyn gwneud yn siŵr y byddai hi'n olréit yn ariannol petai o'n gadael y fuchedd hon o'i blaen. Roedd ganddi ryw go am Arfon yn cychwyn busnes gwerthu insiwrans ar ei liwt ei hun flynyddoedd yn ôl bellach. Roedd ei dad, John Davies, yn gyd-gynghorydd efo Glyn ar y pryd a'r peth lleiaf fedrai Glyn ei wneud oedd helpu'r hogyn wrth gwrs. Dim ond cyd-ddigwyddiad llwyr oedd hi i John, maes o law, bleidleisio yn erbyn gwerthu safle ar gyrion y dref i Freshco adeiladu archfarchnad, a fyddai yn annatod wedi effeithio ar fusnes siop gwerthu llysiau a ffrwythau Glyn wrth gwrs. Oedd, roedd y ddihareb: 'Cân di bennill fwyn i'th nain, a chân dy nain i tithau' yn agos iawn at galon ei gŵr.

Un o siomedigaethau mawr Menna oedd nad oedd Michael wedi cymryd yr awenau ar ôl i Glyn ymddeol. Gwyddai'n iawn y byddai gan Donald Trump a Jeremy Corbyn well siawns o gydweithio efo'i gilydd na Glyn a Michael. Ond daliai'i gafael yn y gobaith prin y byddai Michael yn newid ei feddwl ar ôl i'w dad ymddeol. Ond pan soniodd hi wrtho ar y ffôn un noson fod ei dad yn bwriadu rhoi gorau i'r siop, a bod un o'r cwmnïau siopau bwyd mawr wedi dangos diddordeb yn prynu'r busnes, siomwyd Menna'n fawr pan ddatganodd Michael: 'Ia, syniad da, gwerthwch y bali lle. A dudwch wrth Dad am eich tritio chi efo'r pres. Dudwch wrtho fo am fynd â chi ar *world cruise* neu rwbath i neud i fyny am yr holl amser fuodd o'n byw ac yn bod yn yr hen siop 'na.'

Ond welodd Menna yr un trît na *cruise* yn anffodus. Yn hytrach clymodd Glyn, y cybudd fel oedd o, yr arian i gyd mewn rhyw gyfrifon buddsoddiadau tymor hir. A'i ddiléit mawr wedyn oedd gwirio'r cyfrifon a dotio wrth weld y llog yn chwyddo. Bob tro y byddai Glyn yn cael datganiad o'r banc, byddai'n rhwbio ei ddwylo'n wyllt a byddai gwên fawr foddhaus ar ei wyneb wedyn weddill y dydd. Yr unig adeg mewn gwirionedd y byddai gwên yn cymryd lle y gwg.

Mi a'i i dre i ddechrau chwilio am ddodrefn newydd i'r stafell yma, meddyliodd. Roedd hi eisiau prynu teledu bach hefyd. Roedd hi wastad awydd un yn y stafell wely. Ond pan soniodd am hynny wrth Glyn, llugoer a dweud y lleiaf oedd ei ymateb.

'Hy! Ma hi ddigon drwg dy fod ti'n gneud dim byd ond gwatsiad y blydi bocs 'na drw dydd heb dy ga'l di'n ei watsiad o yn dy wely hefyd.'

O hyn ymlaen câi fynd i'w gwely'n gynnar hefo paned o de a 'sgedan siocled neu ddwy a swatio'n gynnes o dan y dwfe i wylio ei hoff raglenni. Neb yn harthio, neb yn gweld bai, neb yn rhedeg arni a'i bychanu.

Damiodd. Cofiodd yn sydyn fod Michael a Carol wedi trefnu iddynt fynd i weld y twrna y pnawn hwnnw, cyn iddo fo a Carol ei throi hi am y de. Un o'r gloch oedd yr apwyntiad ac roedd Menna i gyfarfod Michael a Carol yn swyddfa'r cyfreithiwr. Mi roedden nhw angen gwneud ychydig o siopa yn gyntaf, meddan nhw, cyn ei throi hi'n syth am Dreorci wedyn. Mi fyddai hi wedi bod yn braf petaen nhw wedi estyn gwahoddiad iddi fynd efo nhw i'r dre. Fyddai hi wedi licio cael cinio bach allan efo nhw, ei thrît hi. Wel, mi fyddai hynny'n newid braf o orfod gwneud bwyd i'r ddau ohonyn nhw ers iddyn nhw landio wythnos a hanner yn ôl bellach. Ond y gwir reswm pam na chafodd Menna wahoddiad oedd oherwydd bod Carol wedi trefnu, er gwaethaf gwrthwynebiad Michael, i'r ddau fynd am fisit i gartref Bryn Collen.

'Fe fydd e'n berffeth iddi,' dywedodd Carol wrth Michael ar ôl eu sesiwn garu yn ei hen wely tri chwarter oedd wedi hen bantio yn y canol. (Bob tro y byddai o a Carol yn dod i aros i Benrallt, byddai Michael yn gorfod symud y gwely rhyw fodfedd neu ddwy oddi wrth y wal rhag ofn i'w fam gael ei deffro'n ddisymwth gan sŵn yr hedbord yn bangio yn ystod eu sesiynau caru). Gwyddai Carol yn iawn pryd i godi materion o bwys. Yn wir, ar ôl boncio brwd un noson llwyddodd i berswadio Michael y byddai'n wych o beth iddynt gael consyrfatori. A thro arall, llwyddodd i'w berswadio i bwrcasu *hot tub*.

Pan ddeallodd Carol ar eu dêt cyntaf fod Michael yn yr RAF, meddyliai'n siŵr ei bod wedi landio ar ei thraed. Siomedigaeth fawr iddi oedd deall mai dreifio yn hytrach na hedfan eu peiriannau oedd o. Lleddfwyd ar rywfaint o'i siom pan ddeallodd ei fod yn unig fab i berchen siop groser. Pan wrthododd Michael gymryd yr awenau adeg ymddeoliad ei dad bu hi bron iawn yn ddifôrs rhwng y ddau. Methai Carol yn lân â deall gwrthwynebiad Michael i redeg y busnes. Roedd y cynnig yno ar blât. Byddai hi wedyn yn wraig i ddyn busnes llwyddiannus yn hytrach na gwraig i ddreifar bws. Ond doedd Michael ddim eisiau gwybod. 'Anghofia fo! Tydi o ddim yn mynd i ddigwydd, ocê? Yn wahanol i Dad tydi pres ddim yn bwysig i mi.'

Ond yn union fel ei diweddar dad yng nghyfraith roedd pres yn bwysig iawn i Carol. Yn hollbwysig. Magwyd hi ar un o stadau difreintiedig y Rhondda, yn un o bump o blant. Ar ôl i'w thad ganu'n iach i'r teulu bach a symud i fyw hefo'i ddynes newydd yn Southampton trodd ei mam at y botel am gysur. Carol i bob pwrpas wedyn fu'n magu ei dwy chwaer fach, Gail a Helen. Y dair yn byw ar bacedi Wotsits a bechdanau Dairylea. Roedd yr atgof hwnnw ohoni'n gorfod agor cadw-mi-gei ei chwiorydd er mwyn iddynt allu crafu digon o bres i brynu ffish a tships i swper un nos Wener yn dal yn fyw yn ei chof. Heb sôn am y cywilydd a'r embaras pan orfodwyd hi ar fwy nag un achlysur i stwffio llwyth o bapur lle chwech yn ei nicer, pan oedd hi'r adeg yna o'r mis, am nad oedd ei mam yn gallu fforddio prynu tywelion misglwyf iddi.

Roedd hi'n benderfynol o ddianc o'r sefyllfa. Roedd hi'n haeddu gwell ac mi roedd hi'n benderfynol o'i gael hefyd. Toedd hi ddim am fynd i weithio ar y til yn Kwiks, fel Diane ei chwaer fawr, na chwaith yn y ffatri Hoover fel ei brawd Mark. Gweithiodd yn galed yn yr ysgol ac fel dalodd ar ei ganfed iddi. Pasiodd ei arholiadau Lefel O a'i Lefel A gyda graddau uchel. Ymgeisiodd am swydd yn y banc. No we oedd hi am dreulio tair blynedd fel stiwdant tlawd! Cynta'n byd y byddai hi'n ennill cyflog parchus y gorau. Dechreuodd fel *cashier*, ond buan iawn y dringodd risiau dyrchafiad, un ar ôl y llall, nes iddi gael ei phenodi'n rheolwr.

Cododd Menna o'i gwely. Efallai y gallai hi alw yn Currys ar ei ffordd adre y prynhawn hwnnw. Doedd hi ddim cweit yn dallt pam roedd Michael a Carol mor daer y byddai'n syniad gwerth chweil iddynt gael *power of attorney* dros ei phethau hi chwaith.

'Dim ond fformaliti yw e. Jyst rhag ofan,' roedd Carol wedi dweud wrthi gan wenu. Digon tawedog oedd Michael, sylwodd.

'Rhag ofn be, felly?' holodd hithau.

'Wel... Rhag ofan i chi fynd yn dost, a ffaelu arwyddo pethe banc ac ati. Ma lot fowr o bobol yn neud hyn. Fydd popeth yn ei le fel hyn, on'd bydd e, Michael?'

'Mmm,' mwmiodd hwnnw, heb godi ei ben o'r *Daily Post*.

Doedd Menna ddim yn siŵr pam ei fod o'n syniad da trosglwyddo Penrallt i enw'i mab chwaith. Rhywbeth i wneud efo peidio â gorfod talu rhyw dreth mawr, yn ôl Carol. Wyddai Menna ddim bod ei merch yng nghyfraith mor wybodus ynglŷn â materion cyfreithiol. Mae'n rhaid ei bod hi'n dod ar draws pethau fel hyn yn ei swydd yn y banc, meddyliodd. Yn sicr, doedd gan Michael fawr o glem, mwy na hithau.

Hogyn da oedd Michael. Cannwyll ei llygaid. Mi fyddai hi wedi licio cael mwy o blant. Ond doedd o ddim i fod. Roedd hi wedi beichiogi Michael heb ddim trafferth yn y byd, ond roedd 'na dair blynedd a mwy wedi mynd heibio a dal ddim sôn am frawd neu chwaer fach iddo. Cofiai Menna eiriau Glyn fel petai hi'n ddoe pan wnaeth hi, o'r diwedd, fagu digon o blwc a chrybwyll wrtho falla y byddai'n syniad i'r ddau ymweld â'r doctor i geisio darganfod pam nad oedd hi'n beichiogi. Chwerthin yn ei hwyneb wnaeth ei gŵr.

'I be, dwa? A finnau wedi ca'l y snip.'

Waeth petai o wedi rhoi clustan iddi ddim. Wyddai hi ddim. Doedd o ddim wedi sôn gair wrthi.

'Es i am fasectomi ar ôl geni Michael,' medda fo wedyn. 'Dan ni ddim isio mwy o blant. Gin ti mwy na digon ar dy blât fel ma hi yn magu'r un sy gin ti ac edrych ar ôl y tŷ 'ma a finnau. Oes 'na grys glân i mi?'

Dyna ddiwedd ar y drafodaeth ac ar obeithion Menna i gael plentyn arall. Soniwyd dim mwy am y peth. Soniwyd dim mwy bod Glyn wedi mynd tu cefn i Menna i gael fasectomi. Erbyn meddwl, mi roedd ganddi hi brin go o gael ei gadael ar ei phen ei hun dros nos, pan oedd Michael ond ychydig wythnosau oed, gan fod Glyn wedi mynd ar drip golff, medda fo. Mi landiodd yn ei ôl mewn andros o hwyliau drwg, yn cerdded fel petai wedi gwneud ei lond o. Ddeudodd o wrthi'n siort ei fod wedi cael waldan yn ei geilliau hefo clwb gloff ac nad oedd o eisiau siarad mwy am y peth. Aeth o'n syth i'w wely a thynnu'r dillad dros ei ben. Cofiodd Menna iddi feddwl bod yn rhaid ei bod hi'n dipyn o waldan, am i Glyn gerdded o gwmpas y lle fel John Wayne am bron i bythefnos, a'i geilliau fel dwy ellygen fawr biws.

Piti fod Michael yn byw mor bell, hefyd, meddyliodd Menna wrth iddi wisgo amdani. Ond dyna fo, roedd yn rhaid i'r bobol ifanc 'ma fynd i le oedd y gwaith. Ar ôl gadael yr RAF, cafodd waith fel gyrrwr bws efo cwmni bysus ym Merthyr Tudful, ac yno mewn rhyw glwb nos roedd Menna'n amau iddo gyfarfod Carol. Fuodd yna erioed sôn am blant chwaith, a doedd Michael ddim yn *spring chicken* bellach a fynta'n tynnu am ei hanner cant. Biti. Byddai Menna wrth ei bodd yn cael bod yn Nain. Ond roedd yn well gan y Carol wirion 'na fopio ei phen efo rhyw gŵn rhech yn hytrach na babis. Be welodd Michael erioed yn yr hogan?

Cofiai Menna y tro cyntaf i Michael ddod â hi draw i Benrallt: sgert gwta at ei thin a'i bronnau nobl yn goferu'n ogoneddus dros ei chrys T sgimpi – welodd Menna erioed owtffit llai addas i gyfarfod darpar rieni yng nghyfraith. Teimlai'n hollol anghyfforddus drwy'r pryd bwyd yn gwbl ymwybodol bod llygaid Glyn yn cael eu tynnu, fel dau fagnet, tuag at ei rhigol ragorol. Doedd dim celu'r ffaith ei fod o, fel ei fab, wedi dotio hefo llestri dreser ei ddarpar ferch yng nghyfraith.

Roedd Menna'n plicio tatws. Er wyddai hi ddim yn iawn i be chwaith. Doedd 'na neb yno i'w bwyta nhw. Arferiad, debyg, meddyliodd. Yn ddi-ffael, bob nos ers iddynt briodi, roedd wedi coginio tatws ar gyfer swper i Glyn. Stopiodd. Gwawriodd arni nad oedd rhaid iddi blicio'r un daten bellach. Edrychodd ar y tair roedd hi wedi'u plicio'n barod. Tynnodd nhw o'r bowlen ddŵr a'u taflu i'r bin bach ailgylchu. Roedd Menna'n casáu gwastraff fel arfer. Roedd hi wedi cael ei magu i fwyta bob dim ar ei phlât, doedd fiw iddi adael briwsionyn ar ôl. Ond y bore hwnnw cafodd ryw foddhad pleserus o weld y tair taten wen noeth yn y bin bach brown. Y tair heb gyrraedd eu potensial i fod un ai'n jips, yn datws berwi neu'n datws stwnsh.

Doedd hi'n hidio fawr am datws – ffefryn Glyn oedden nhw. Tatws stwnsh, tatws rhost, tatws drwy'u crwyn, tships. Unrhyw fath o datws. Rhaid oedd cael tatws efo pob pryd. Dda gan Glyn mo reis na phasta. Mi ferwodd ychydig o reis un tro hefo cyrri cyw iâr ac mi boerodd Glyn y cwbl i'w hwyneb. Ond byth eto, penderfynodd, doedd hi ddim am blicio'r un daten eto. Pasta neu reis fyddai hi o hyn ymlaen. Neu hyd yn oed *couscous*. Y cwbl fyddai angen ei wneud efo hwnnw oedd rhoi dŵr berwedig ar ei ben. Edrychai ymlaen hefyd i gael bîns neu wy ar dost, neu pizza.

Wrthi'n trio penderfynu ai wy wedi sgramblo 'ta wy wedi potsio roedd hi am ei gael i ginio oedd hi pan ganodd cloch y drws ffrynt. Rhyfedd, meddyliodd. Ers y cynhebrwng roedd yr ymweliadau, y cardiau, y cacennau a'r *carnations* wedi dod i stop. Caeodd Menna gaead y bin bach ac aeth i agor y drws.

Gwthiwyd tusw anferth o flodau i'w hwyneb. Roedd

blodeugerdd morwyn y fro yn ddim byd ond posi bychan o gymharu â'r dorch flodeuog yma.

'O'n i'n clywed ei fod o 'di'i phegio hi. Wel, sut w't ti, 'ta?' meddai'r llais calonnog o du ôl i'r petalau.

Roedd y dôn fywiog yn chwa o awyr iach ar ôl y lleisiau pruddglwyfus roedd Menna wedi'u clywed yn ddiweddar.

Gostyngodd perchennog y llais y dorch gan ddatgelu gwraig ddieithr. Tybiai Menna nad oedd hi'n bell o'i hoed hi. Ond dyna'r unig debygrwydd rhwng y ddwy. Roedd hon yn denau fel rasel. Ei gwallt wedi ei dorri'n ffasiynol o fyr a'i liwio'n frowngoch. Roedd gwên fawr ar ei hwyneb lleiniog. Wyneb a chroen oedd yn amlwg wedi bod yn talu gwrogaeth i'r haul a'i wres ers blynyddoedd mawr.

Edrychodd Menna ar y wraig eto. Cododd honno ei sbectol haul fawr yn ôl ar ei phen. Na. Doedd bosib? Ddim ar ôl yr holl flynyddoedd.

'Jan?'

'Wel, paid â sefyll yn fanna fatha delw, wir.'

'Jan! O, mam fach!' sgrechiodd Menna, gan geisio cofleidio'i ffrind y gorau gallai hi oherwydd y dorch flodeuog. 'Be ti'n neud 'nôl 'ma?'

Methai â chredu fod Jan, o bawb, yn sefyll ar ei stepen drws. Ar wahân i ambell gerdyn Dolig fu nemor ddim cysylltiad rhwng y ddwy ers blynyddoedd lawer. Ddim ers i Menna briodi Glyn i fod yn fanwl gywir.

'Dwi'n ôl ffordd 'ma. Am ryw hyd beth bynnag. Wel, w't ti am fy ngwadd i mewn, ta be? Cyn i mi ddal blydi niwmonia allan yn fyma?'

A chamodd Jan dros y rhiniog yn dalog, gwahoddiad neu beidio.

Hi yw fy ffrind

'LE DDIAWL MA'R fcnyw 'na?' ffromodd Carol, gan edrych ar ei wats. 'Ffona hi 'to, Michael.'

Ochneidiodd hwnnw ac estyn ei ffôn bach. Mi roedd hi bellach yn ddeg munud wedi un a dal ddim golwg o Menna. Mi gafodd hi fflat *warning* gan Carol i gyfarfod y ddau tu allan i swyddfa Hughes, Jones, Hughes, Roberts ac Evans am ddeg munud i un. Y bwriad, ar ôl iddynt orffen yn swyddfa'r twrna, oedd ei chychwyn hi'n ôl yn syth am Dreorci ac i nôl babis Carol.

'*No way* ma Sophie a Chantal yn mynd i gysgu noson arall yn yr hen genels 'na,' roedd Carol wedi'i fynnu.

'*No we* dwi'n mynd i dalu am noson arall i'r ddwy aros yn y cenels 'na,' meddyliai Michael yr un pryd.

Deialodd Michael rif ffôn tŷ ei fam eto. Dim ateb. Dim ond y peiriant ateb a llais bombastig a phwysig ei dad yn datgan:

'Dyma ffôn y Cynghorydd Glyn Meirion Williams. Yn anffodus i chi, dwi ddim ar gael ar y funud, ond os hoffech chi adael eich enw a'ch rhif ffôn ar ôl y wich, mi wna'i gysylltu'n ôl efo chi pan fydd hi'n gyfleus.'

Atgoffodd Michael ei hun iddo ddweud wrth ei fam am newid y neges ar fyrder. Yn amlwg, dyna'r unig beth roedd hi wedi anghofio cael gwared ohono. Roedd clywed llais ei dad yn codi cryd arno.

Yr ochr arall i'r ddesg, gwnaeth y twrna sioe fawr o edrych ar ei wats. Er mwyn tanlinellu ymhellach fod ei amser prin –

a drud – yn cael ei wastraffu, rhoddodd ochenaid hir ddofn. Roedd ganddo glient arall ymhen deg munud ac roedd o wedi bwriadu mynd ar y we cyn i hwnnw landio i chwilio am sgidia golff newydd.

Gwenodd Michael arno'n wan. 'Ma hi ar y ffordd. Methu cael hyd i le i barcio, ma'n siŵr.'

Mi roedd hi'n wir i ddweud nad oedd sgiliau gyrru Menna y rhai gorau o bell ffordd. Braidd yn nerfus a dihyder oedd hi y tu ôl i lyw car. Ond doedd hynny ddim syndod chwaith ar ôl goddef blynyddoedd o Glyn yn gweiddi a harthio, a gwneud rhyw goments gwawdlyd am ei dreifio.

Cachu rwtsh! Doedd ei fam erioed wedi cael damwain? Ella'i bod hi'n gorwedd mewn gwely yn yr ysbyty'r funud honno, neu'n waeth na hynny, ella ei bod hi wedi cael y farwol! Gwthiodd y syniad hyll hwn o'i feddwl cyn gynted ag y daeth.

'Y't ti wedi trial ei mobeil hi, Meic?' holodd Carol, wedi hen ddiflasu ac yn ysu i'w chychwyn hi'n ôl at ei babis.

'Sdim pwynt. Tydi hi byth yn ei iwsio fo.'

Prynodd Michael a Carol ffôn bach iddi un Dolig, sbel yn ôl, pan doedd gan 'run o'r ddau'r syniad cyntaf be i gael yn anrheg iddi. Ac wrth fynd rownd Tesco un pnawn Sadwrn, awgrymodd Carol y dylen nhw brynu ffôn symudol i'w fam. Wast o bresant oedd o, yn nhyb Michael. Prin iawn roedd ei fam yn ei ddefnyddio, a bob tro roedd o'n ffonio'i mobeil hi, roedd yn mynd yn syth i'r peiriant ateb.

'Wath i ti dreial ddim, Meic.'

Ochneidiodd Michael yn ddifynedd. Gwnaeth sioe fawr o chwilio am rif ffôn mobeil ei fam ac yna pwyso ar ei henw'n galed. Edrychai mlaen i roi'r ffôn bach yng nghlust ei wraig er mwyn iddi gael clywed llais y peiriant ateb, fel roedd o wedi'i ddeud.

Pan ganodd y ffôn, bu ond y dim i Michael ei ollwng ar y llawr, cymaint oedd ei syndod.

Ymhen hir a hwyr, clywodd lais ei fam. 'Helô?'

'Mam?

'Michael? Chdi sy 'na?'

'Dach chi'n iawn, Mam?'

'Yndw tad, ngwas i. Well na fues i erioed.'

Oedd ei fam yn slyrio? Roedd hi'n swnio felly.

'Lle dach chi?'

'Be ti'n ddeud?'

'Lle dach chi, Mam?'

'Be? Dwi ddim yn dy glywed di'n dda iawn.'

'Lle dach chi?'

'Lle ydw i?

'Wel, ia.'

'Efo Jan.'

'Jan? Pwy ddiawl 'di Jan?'

'Roeddan ni'n dwy'n ffrindiau mawr yn 'rysgol. Dan ni ddim wedi gweld ein gilydd ers blynyddoedd. Mi alwodd hi acw cyn cinio a dan ni'n dwy yn y Bistro bach newydd 'na. Bwyd da 'ma hefyd. Ges i'r *hake* a mi gafodd Jan... (hic)... be gest di dwa, Jan?... (hic).'

'Risotto. Pwy sy 'na?' atebodd llais rhyw wraig ddieithr.

'Michael. Deud "helô" wrtho fo.'

Swn tŷ bwyta prysur i'w glywed lawr y lein wrth i'w fam basio'r ffôn i'w ffrind.

'Helô, Michael, sut w't ti, ngwas del i?'

Oedd y ddynes yma wedi meddwi?

'Dwi ddim wedi dy weld ti ers cyn i dy lais dorri. Os cofia i'n iawn oeddat ti'n licio chwara efo malwod a llyngyr daear. W't ti dal yn licio chwara efo nhw?' chwarddodd y llais.

'Wnewch chi plis roi Mam yn ôl ar y ffôn?' gofynnodd Michael yn methu cael dros y sioc fod ei fam wedi anghofio eu hapwyntiad ac yn ciniawa efo ryw ddynes ddiarth.

'Tŵ tics.'

'Helô?'

'Mam, dw i a Carol yn disgwyl amdanoch chi a...'

'Rhaid i mi fynd rŵan, Michael,' torrodd ei fam ar ei draws. 'Dan ni isio ordro pwdin, 'li. Dwi am fynd am y *crème brûlée*, dwi'n meddwl.'

'Mam, be ddiawl dach chi'n feddwl dach chi'n neud? Dan ni'n disgwyl amdanoch chi'n fyma.'

'Disgwyl amdana i'n lle, dwa?'

'Wel yn offis Hughes, Jones, Hughes, Roberts ac Evans, 'te. Roeddech chi fod i'n cyfarfod ni yma am ddeg munud i un heddiw.'

'Ow, diar! (Hic!) Anghofies i bob dim. (Hic.) Feri sori.'

'Dan ni 'di bod yn disgwyl amdanoch chi ers meitin.'

'Feri sori, Michael. Gofies i ddim byd. Mi landiodd Jan acw a chynnig i ni'n dwy fynd am goffi bach, a wel, mi drodd y coffi'n ginio, do? Dan ni 'di siarad a hel atgofion cofia. (Hic.) Gwranda, Michael bach, ma'n rhaid i mi fynd, ma'r wetyr 'ma'n sefyll yn fyma ers tro, yn disgwyl i mi ddeud pa bwdin dwi isio. (Hic.) Feri sori. One *crème brûlée* please... and another glass of Rosé. A large glass, please.'

Ymddiheurodd Michael yn llaes i'r twrna bach am wastraffu ei amser a gwaredodd y bil y byddai'n ei dderbyn maes o law. Bil am ddim byd, diolch i'w fam. Gadawodd Carol ac yntau'r swyddfa a'u cynffonnau rhwng eu gafl. Ar ôl cyrraedd y car soniodd Michael wrth Carol ei fod yn amau bod ei fam wedi meddwi ryw fymryn.

'Rheswm da arall i ni ga'l y *power of attorney* 'na, 'tefe. Cyn iddi fynd yn alcoholic, Michael! Betia i ti bod dim bwriad yn y byd 'da hi droi lan yn y swyddfa 'na heddi,' tantrodd Carol. 'Esgus o'dd y cinio 'da'i ffrind, wi'n gweud 'tho ti.'

Roedd Carol wedi gobeithio y byddai'r holl fusnes cyfreithiol yn cael ei sortio cyn gynted â phosib. Pwy oedd y Jan yma oedd wedi tarfu ar eu cynlluniau nhw beth bynnag? Chlywodd Michael na hithau erioed sôn amdani o'r blaen.

Dechreuodd Michael amau fod Carol yn ei lle. Roedd ei fam yn ymddwyn yn od iawn. Byddai ei dad yn chwyrlïo yn ei fedd ffresh petai'n gwybod ei bod hi'n yfed gwin ganol dydd. Ar wahân i *eggnog* a rhyw Harveys Bristol Cream bach Dolig, prin iawn – os o gwbl – roedd ei fam yn yfed, heb sôn am feddwi. Be oedd wedi dod dros ei phen hi? Na, meddyliodd Michael gan oddiweddyd lori Mansel Davies arall, yr ail y pnawn hwnnw, yr unig esboniad am ymddygiad ei fam oedd ei bod hi ar fin cael brecdown. Doedd dim dwywaith amdani.

'W, dwi'n teimlo'n ofnadwy rŵan,' meddai Menna wrth ei hen ffrind dros goffi a *petit fours* yn ddiweddarach.

'Pam? Be sy?' holodd Jan.

'O'n i wedi trefnu i gyfarfod Michael a Carol i weld y twrna pnawn 'ma. Gofis i ddim byd.'

'Pam oeddech chi'n mynd i weld twrna? Ma Glyn 'di gneud ei ewyllys, do?' Un am siarad yn blaen fuodd Jan erioed.

'Do, tad. Na, dim byd felly. Michael a Carol sy'n meddwl y bysa'n syniad da iddyn nhw ga'l *power of attorney* dros ty mhetha i.'

'Pam? Sgin ti ddim dementia na'm byd felly, nagoes?'

'Nagoes siŵr. Ond rhag ofn i mi fynd yn sâl, medda Carol, a methu arwyddo pethau banc a ballu. Ma'n nhw'n meddwl hefyd ei fod o'n syniad da trosglwyddo Penrallt i enw Michael.

Rhywbeth i neud efo peidio â gorfod talu rhyw dreth, medda Carol. Dwi'm cweit yn dallt yn iawn. Ond ma Carol i weld yn dallt dipyn go lew.'

'Ydi hi wir?'

Doedd Jan ddim yn arbenigwraig ar faterion cyfreithiol o bell ffordd, ond un peth yr oedd hi'n wybod, roedd hi'n glir fel grisial fod Michael a Carol â'u llygaid ar asedau Menna.

'Gwranda,' meddai Jan wedyn. 'Paid â meddwl 'mod i'n busnesu, 'de, ond ma Iestyn, hogyn Derwyn fy nghefnder, yn dwrna yn Llundain, i un o'r cwmnïau mawr 'ma, sdi. Dwi'n siŵr ma *probate* ydi'i betha fo. 'Na'i ofyn iddo roi caniad i ti.'

'Ew, na, does dim isio'r hogyn.'

'Gostith o ddim byd i chdi. Hen hogyn bach iawn ydi Iestyn, fysa fo ddim eiliad yn dy roi di ar ben ffordd. Dwi'n meddwl y bysa hi'n talu i ti gael barn arall. Barn rhywun hollol wrthrychol.'

'Wn i ddim wir. Ma'r holl betha cyfreithiol 'ma'n mynd dros fy mhen i. Lwcus bod Carol i weld yn dallt y pethau 'ma.'

'Mm, yndi, ma Carol i weld yn dallt y dalltings yn iawn,' gwenodd Jan, gan gymryd sip o'i choffi.

'Wir, ma'i 'di bod yn lyfli dy weld ti heddiw, Jan.'

'Fyswn i wedi cysylltu'n gynt ond o'n i'n meddwl y byswn i'n gadael i'r llwch setlo. Cyfla i chdi ga'l dy wynt atat, 'lly. Ddim llwch Glyn, 'de.'

Pleser o'r mwya i Jan oedd darllen am ymadawiad disymwth Glyn yn nhudalen *hatch, match* a *dispatch* y *Daily Post*. Ddalltodd hi erioed atyniad Menna tuag at Glyn. Ei edrychiad falla, ond ddim ei bersonoliaeth.

'Ca'l ei gladdu gafodd o beth bynnag, sdi.'

Cafodd Menna fflashbac o arch Glyn yn gorwedd ar waelod y twll agored, a'r pleser euog a deimlodd wrth daflu dyrnaid o bridd ar ei ben. Bu ond y dim iddi gyfaddef wrth Jan y teimlad o ollyngdod a rhyddhad a deimlai rŵan fod Glyn yn ei fedd, ond penderfynodd beidio.

Sylwodd Jan ar yr olwg bell yn llygaid ei ffrind.

'Ti'n iawn, dwyt?' holodd yn ddifrifol.

Gwenodd Menna. 'Yndw tad, Jan bach. Dwi'n *champion*.'

Gan fod Jan yn ymwybodol nad oedd rhywun i fod i siarad yn ddrwg am y meirw, penderfynodd beidio â datgan ei theimladau am Glyn. Hynny ydi, mai hen fastyn hunanol fuodd o erioed, a'i bod o'r farn bod Menna wedi cael gwaredigaeth o'r radd flaenaf drwy ei ymadawiad. Yn hytrach datganodd, 'Reit ta, well i ni ofyn am y bil ma'n siŵr, tydi, a ffonio Hywel.'

'Ffonio Hywel? I be dwa?'

'Wel, ti ddim yn disgwyl i mi ddreifio ar ôl yfed yr holl win 'na, nagw't? Fydd o ddim cachiad nico yn nôl ni'n dwy.'

Tra roedd Jan yn ffonio ei brawd meddyliodd Menna cymaint roedd hi wedi mwynhau ei hun y pnawn hwnnw. Doedd hi ddim yn gallu cofio y tro diwethaf iddi fwynhau ei hun gymaint. Roedd y bwyd wedi bod yn fendigedig. Doedd Glyn a hithau ddim yn arfer mynd allan i fwyta. Rhy ddrud, yn ôl Glyn. Ac ar yr adegau prin hynny y bydden nhw'n mynd am bryd o fwyd, roedd o'n casáu, ac o'i go, pan fyddai rhyw greadur bach yn ei etholaeth yn meiddio dod draw at eu bwrdd a dechrau ei holi ynglŷn â rhyw fater dibwys neu'i gilydd. Materion megis y baw ci oedd yn drybola ar y stryd fawr, neu rhyw gais cynllunio ar gyfer codi ffens anferthol. Pan awgrymodd Menna un tro fod 'na ddigonedd o lefydd bwyta tu allan i'w etholaeth, ei ymateb wedyn oedd: 'I be wnawn ni wastraffu petrol a digon o fwyd yn y tŷ?'

Ond hyd yn oed yn well na'r bwyd, roedd y gwmnïaeth. Doedd Jan heb newid dim. Roedd hi'n union fel roedd Menna yn ei chofio. Yr un ferch afieithus, yn llawn straeon. Roedd Jan wedi gweld ac wedi gwneud cymaint, o gymharu â'i bywyd bach cyfyng hi, meddyliodd.

Er, fe allai ei bywyd hithau wedi bod yn wahanol iawn petai heb gyfarfod â Glyn. Tra roedd hi a Jan yn yr ysgol, roedden nhw ill dwy, a Sandra, yn rhan o driawd Y Petalau ac yn mynd o gwmpas yn cynnal cyngherddau ac ati. Roedd 'na dipyn o alw amdanynt, gan gael galwadau i berfformio mewn cyngherddau efo mawrion y byd adloniadol Cymraeg megis Hogia'r Wyddfa, Dafydd Iwan, Emyr ac Elwyn, Tony ac Aloma ac eraill. Cyflwynai Idris Charles nhw bob amser fel: 'Y *Three Degrees* Cymraeg'. Mi fuodd y tair ar y rhaglen *Disg a Dawn* unwaith.

Yna yn ystod un ha' aeth Jan i aros at ei chyfnither Audrey yn Birkenhead. Mi fopiodd ei phen efo George, rhyw hogyn roedd hi wedi ei gyfarfod mewn clwb nos. Roedd o'n chware gitâr mewn grŵp, medda fo, ac yn dweud y byddai o'n siŵr o allu sicrhau gigs i'r triawd yn Lerpwl. Roedd o eisoes wedi crybwyll hynny wrth ei gyd-aelodau, John, Ringo a Paul, ac roedden nhw'n licio'r syniad o gael grŵp o ferched yn eu cefnogi nhw'n fawr.

'Newidiwn ni'n henw i'r *Petals*, 'li,' roedd Jan wedi'i ddweud wrthi, pan ddaeth yn ei hôl o'i gwyliau wedi cynhyrfu'n lân.

Ond tra roedd Jan wedi bod yn rhyw fudur garu efo George yn Birkenhead roedd Menna hithau, yr un pryd, wedi cyfarfod Glyn yng Nghaergybi. Glyn Meirion Williams. Doedd Menna'n methu credu ei fod o, o bawb, wedi ei holi am ddêt. Roedd hi wedi bod yn ei ffansïo o bell ers hydoedd ac yn meddwl nad oedd ganddi hi obaith caneri bachu hogyn fatha Glyn. Roedd o flwyddyn yn hŷn na hi yn yr ysgol, yn hogyn poblogaidd efo'r bechgyn a'r merched.

Roedd Doris, ei mam, wedi gwirioni mwy na Menna. Tybiai fod ei merch wedi cael andros o fachiad, ac yntau'n unig fab i John M Williams, perchennog siop groser lwyddiannus ar yr ynys.

Ond yn anffodus doedd Glyn ddim yn rhannu yr un brwdfrydedd â Menna ynglŷn â bod yn aelod o grŵp.

'Dwi ddim yn licio meddwl am yr holl hogiau 'na'n sbio arnach chdi, yn dy ffansïo di. Hogan fi wyt ti rŵan, Menna.' Dyna roedd o wedi ei ddweud wrthi un noson.

Yn dawel bach roedd Menna'n falch bod Glyn yn teimlo'n genfigennus. Golygai hynny ei fod o'n ei licio hi. Licio hi lot.

Pan soniodd wrtho am y cynnig i chwarae mewn cyngerdd yn Lerpwl, o bob man, aeth Glyn yn dawel, dawel, a doedd Glyn ddim yn berson tawel o ran ei natur. I'r gwrthwyneb a dweud y gwir. Ond wnaeth o ddim yngan gair o'i ben am weddill y noson. Chlywodd hi ddim siw na miw oddi wrtho am ddiwrnodau. Poenai Menna fod rhywbeth wedi digwydd iddo. Ond poenai fwy ei bod wedi gwneud rhywbeth o'i le, a'i bod wedi'i bechu. Be petai o'n penderfynu gorffen efo hi?

Pan landiodd yn ddirybudd ar ei stepen drws ar y nos Wener ganlynol, roedd Menna yn ei seithfed nef. Roedd ganddo dusw o flodau a bocsiad mawr o ffrwythau yn ei hafflau. Y blodau i Menna a'r ffrwythau i Doris a Henry.

Cusanodd Menna'n gynnes a datgan ei fod wedi trefnu syrpréis, aeth i'w boced ac estyn amlen a'i roi iddi. Roedd gwên fawr ar ei wyneb.

'Be 'di'r rhain?' gofynnodd Menna'n syn wrth syllu ar y ddau docyn tu mewn i'r amlen.

'Be ti'n feddwl ydyn nhw? Dau docyn i weld sioe yn Llundain. Dwi 'di bwcio dwy noson yn yr Hilton i ni. Dwy stafell, wrth gwrs,' ychwanegodd wedyn, gan amneidio i gyfeiriad Henry Roberts.

Roedd Menna wedi cynhyrfu cymaint bod Glyn wedi dod yn ôl at ei goed, ac yn amlwg ddim yn awyddus i derfynu eu perthynas, fel'na sylweddolodd hi tan roedd hi yn ei gwely'r noson honno fod y penwythnos yn Llundain ar yr union benwythnos yr oedd y Petalau i fod i ganu yn Lerpwl.

Dim ond yn hwyrach ymlaen hefyd, wrth i Doris roi'r ffrwythau yn y bowlen, y ffeindiodd hithau fod y rhan fwyaf ohonyn nhw o dan yr haenan uchaf wedi hen basio eu *best before* a hen basio eu *sell by date*. Roedd y grêps a'r orennau wedi llwydo a'r afalau wedi cleisio a dechrau crebachu a'r bananas yn sbotiau du drostynt.

'Cyd-ddigwyddiad o faw! Ma'r uffar 'di gneud hyn yn fwriadol!' oedd ymateb Jan pan ymddiheurodd Menna wrthi na allai fynd i Lerpwl bellach. Yn fuan iawn wedyn daeth y Petalau i ben. Gan nad oedd Menna'n mynd i Lerpwl i ganu, doedd gan Sandra fawr o awydd mynd chwaith. O'r tair, ei llais hi oedd y gwannaf a hi oedd yr un efo'r lleiaf i ddweud wrth y grŵp.

Fel roedd perthynas Glyn a Menna'n dwysáu, pellhau roedd cyfeillgarwch Jan a Menna. Doedd Menna'n dal ddim yn siŵr a wnaeth Jan fyth faddau iddi am ddewis Llundain efo Glyn yn hytrach na Lerpwl efo'r Petalau. Roedd wedi difaru droeon. A phetai hi'n cael yr amser yn ôl eto, mi fyddai wedi mynd efo Jan i Lerpwl i ganu efo George, John, Paul a Ringo ac wedi dweud wrth Glyn am stwffio'i sioe a'i Hilton.

Yn fuan wedyn, trodd Jan ei chefn ar Fôn dirion dir a symudodd i fyw at ei modryb yn Birkenhead. Y bwriad, gan ei rhieni, oedd iddi hyfforddi fel nyrs ond ymhen ychydig wythnosau sylweddolwyd nad Florence Nightingale oedd Jan.

Roedd hi'n casáu newid bagiau *catheter*, roedd hi'n casáu'r cleifion a'r doctoriaid trahaus. Doedd y ffaith ei bod hi ofn gwaed fawr o help chwaith.

Breuddwyd Jan oedd cael ei throed i mewn i'r busnes canu a llwyddodd i gael joban fach ran amser yng nghlwb y Cavern yn Lerpwl, yn edrych ar ôl cotiau a bagiau'r cwsmeriaid. Y hi a merch arall. Hogan ddigon clên ac annwyl.

Roedd y ddwy wedi dechrau'r un pryd. Bob nos Fercher roedd 'na slot canu *impromptu* yn y clwb a bob wythnos yn ddi-ffael byddai Jan yn neidio i'w fachu, heb roi cyfle i neb arall. Roedd wedi cael ei throed i mewn drwy'r drws o leiaf, meddyliodd yn obeithiol. Dim ond mater o amser fyddai nes i'w chorff i gyd ddilyn.

Ond yn anffodus, un nos Fercher, roedd ganddi ddos mawr o annwyd, dolur gwddw a dim gwerth o lais i sôn amdano. Doedd dim gobaith caneri iddi ganu fel eos y noson honno. Perswadiwyd ei chydweithiwr i ganu yn ei lle ac, ar ôl cryn berswâd, cytunodd honno'n gyndyn. Diwedd y gân oedd bod pawb wedi mopio'u pennau'n lân loyw efo'r ferch hoffus, bengoch. Oedd, roedd pawb wedi gwirioni efo llais Priscilla a newidiodd ei henw maes o law, wrth gwrs, yn Cilla. Cilla Black.

Pylodd gobeithion Jan i ddilyn gyrfa fel cantores. Doedd Lerpwl ddim digon mawr i Priscilla a hithau, felly penderfynodd Jan drio'i lwc yn Llundain. Mewn tafarn, ddim yn bell o Carnaby Steet, cyfarfu â rhyw lefnyn o'r enw David Bailey oedd yn haeru ei fod yn ffotograffydd. Perswadiodd hi i fynd draw i'w stiwdio i gael tynnu ei llun. Am nad oedd ganddi ddim byd gwell i'w wneud ar bnawn dydd Sul, a'i bod yn hanner ei ffansïo, mi aeth. Canlyniad y cyfarfyddiad oedd cael ei rhoi ar lyfrau asiantaeth fodelu. Bu'n gweithio ar *shoot* efo Joanna Lumley unwaith, cesan a hanner. Roedd wedi gobeithio y byddai David a'i gysylltiadau yn hwb i'w gyrfa fodelu, ond erbyn dallt roedd bryd David ar fodel arall o'r enw Jean. Yn eironig iawn, ymdebygai Jan o ran pryd a gwedd i Jean, gyda'i gwallt a'i choesau hir, ei llygaid llo bach a'r gwefusau llawn. Ond gofyn am Jean yr oedd pawb, nid Jan. Jean a elwid yn *The It Girl* a *The Face.* Felly er mewn cadw'r blaidd o'r drws bu Jan yn canu fel llais cefndir i hwn a'r llall. Bu'n canu ar y llongau pleser am gyfnod a thrwy ffrind i ffrind cafodd waith yn achlysurol fel *companion escort.* Bu'n gwmni difyr i sawl gŵr bonheddig mewn achlysuron cymdeithasol, ac ambell un preifat hefyd. O, oedd, roedd Jan wedi byw!

Maes o law cafodd waith fel cynorthwyydd personol i asiant theatrig. Buan iawn y dangosodd Jan ei gwerth gan ddenu mwy o berfformwyr ar y llyfrau. Roedd hi'n mwynhau'r gwaith, yn deg ac yn boblogaidd iawn efo'r cleients ond eto ddim yn fodlon cymryd unrhyw fath o lol. Un noson feddw, ar ôl gormod o jin a tonics, perswadiodd ei chyfaill Bruce hi i sefydlu ei chwmni ei hun, a dyna wnaeth hi. Ffynnodd y cwmni gan ddatblygu i fod yn un yr oedd actorion a pherfformwyr yn ysu i fod ar ei lyfrau. Os oedd rhywun yn rhywun yn y byd actio a pherfformio, Jan oedd yn eu cynrychioli.

Ar ôl gadael yr ysgol, roedd Menna, ar y llaw arall, wedi mynd i weithio fel ysgrifenyddes mewn swyddfa gyfrifydd ac yno y buodd hi wedyn tan geni Michael. Mynnodd Glyn ei bod hi'n rhoi gorau i'w gwaith. 'Dy le di ydi aros adra i fagu'r hogyn 'ma,' oedd ei union eiriau ar ôl i Menna grybwyll, pan oedd Michael yn rhyw flwydd oed, y byddai hi'n licio mynd 'nôl i weithio yn rhan amser.

Gan fod Glyn yn berchennog siop groser lwyddiannus, doedd dim angen na gorfodaeth arni i weithio chwaith. Pan wnaeth hi grybwyll y mater eto, ar ôl i Michael ddechrau'r ysgol, llugoer a dweud y lleiaf oedd ymateb ei gŵr. 'Ma gin ti job yn barod, yn cadw'r tŷ 'ma ac edrych ar fy ôl i a Michael. Mi fyddai'r rhan fwya o ferched wrth eu boddau yn cael bod yn dy sgidia di. Ti mor anniolchgar, sdi, Menna. Finnau'n gweithio ddydd a nos i dy gadw di a'r hogyn 'ma. Ond dwyt ti byth yn fodlon, nagw't?'

Pan driodd Menna ddweud wrtho nad oedd angen iddo weithio ddydd a nos er ei mwyn hi a Michael a'i bod hi'n fwy na bodlon rhannu'r baich, cododd oddi wrth y bwrdd bwyd gan adael ei stwnsh ffa a bacwn heb eu cyffwrdd. Thorrodd o'r un gair â hi am ddau ddiwrnod. Soniodd Menna ddim byd am y pwnc byth wedyn. Er, ymhen hir a hwyr, mi gafodd hi waith hefyd. Bu wrthi am flynyddoedd lawer yn ateb y ffôn a chymryd negeseuon ar ran ei gŵr ar ôl iddo gael ei ethol yn Gynghorydd Sir. Ysgrifenyddes bersonol ddi-dâl fyddai teitl y swydd honno, mae'n debyg.

'Ti'n siŵr tydi o ddim yn ormod o drafferth? O, ti'n seren…' Tarfodd llais Jan ar feddyliau Menna. Roedd hi'n dal i siarad efo rhywun ar ei ffôn bach. 'Wela'i di wedyn, Hyw. Diolch!' Diffoddodd Jan y teclyn. 'Dwi'n aros efo Hywel tra dwi fyny 'ma,' esboniodd wrth Menna, gan gadw ei ffôn yn ôl yn ei bag. 'Mi gollodd o Ceri bedair blynedd yn ôl.'

Cofiai Menna frawd mawr Jan yn dda. Roedd o ryw ddwy flynedd yn hŷn na'r ddwy. Pan âi Menna draw i dŷ ei ffrind, fyddai gan Hywel fawr o amser nac amynedd efo'r ddwy. Roedd gan Menna grysh glaslances ar yr hogyn a chofiai wrido a mynd i'w gilydd i gyd pan fyddai Hywel o gwmpas. Roedd ganddo foto-beic ac, un diwrnod, mi gynigiodd iddi fynd am sbin efo fo. Rhyw bymtheg oed oedd hi ar y pryd. Cofiai'n dda y teimlad o ofn a chynnwrf yn ei bol yr un pryd. Y sbid, y gwynt, y rhyddid. Y teimlad dieithr o afael yn dynn, dynn rownd wast hogyn. Teimlad dieithr a rhyfedd, ond nid amhleserus.

'Bancia! Bancia!' cofiai Hywel yn gweiddi arni nerth ei ben wrth iddynt fynd rownd congl go gas a hithau'n mynnu sythu yn lle gwyro i'r ochr. Gwenodd efo hi ei hun. Gallai ddal i gofio aroglau'i gôt ledr a'i afftyrshêf. Doedd Glyn ddim yn un am afftyrshêf. Roedd ganddo alergedd i unrhyw fath o bersawr. Byddai ei lygaid yn dechrau dyfrio a'i drwyn yn cosi a byddai'n dechrau tisian dros y lle, ei weflau'n mynd yn sych grimp. Doedd Menna ddim wedi defnyddio persawr ers iddi gyfarfod â Glyn.

'Rhaid i ni gyfarfod am lynsh eto, yn fuan,' torrodd Jan ar draws ei meddyliau. 'Be 'di rhif dy fobeil di? 'Na'i dy decstio di, 'li.'

'Ew, dwi ddim yn gwybod y rhif, ydi o'n deud arno fo'n rwla, dwa?' estynnodd Menna ei ffôn bach o'i bag unwaith eto.

'Be 'di oed hwnna sy gin ti?' Syllodd Jan yn syn ar y deinasor ym meddiant Menna. 'Ma hwnna'n *antique* bellach. Rhaid i chdi ga'l *smartphone*, hogan.'

'Be 'di peth felly?'

'Ffôn lle fedri di neud pob mathau o bethau arno fo. Iwsio'r we ag ati. Ma'n union fel cael compiwtar bach yn dy law. 'Swn i ar goll heb f'un i. Ma pawb efo nhw dyddiau yma, sdi. W't ti ar Ffesbwc, 'ta?'

'Ffesbwc?'

O'r olwg ar goll ar wyneb ei ffrind roedd hi'n amlwg nad oedd Menna'n gyfarwydd â hwnnw chwaith.

Ysgwydodd Jan ei phen, 'Menna bach, lle ti 'di bod, dwa?'

Gwyddai Menna'n iawn lle'r oedd hi wedi bod. Mewn caets. Ond bellach, roedd hi'n rhydd.

Ffesbwc a FfesTeim

'**B**LYDI HEL. Dwi ddim yn coelio hyn!' Syllodd Michael yn gegrwth ar ei iPad. 'Ma Mam ar Ffesbwc. Dwi newydd ga'l cais i fod yn ffrind iddi.'

'Beth? Paid â bod yn sofft,' chwarddodd Carol heb dynnu ei llygaid oddi ar ei iPad ei hun.

Noson arferol yng nghartref Michael a Carol, rhyw bedwar mis yn ddiweddarach oedd hi a Sophie a Chantal yn cysgu'n braf o flaen y tân, a'u meistri yn eistedd ar y soffa a'u trwynau yn eu iPads. Roedd rhyw gyfres ar Netflix ar y teledu, ond doedd 'run o'r ddau yn ei gwylio.

'O *my God*. Fi newydd ga'l un 'fyd!' datganodd Carol, gan syllu eto ar enw a llun bach ei mam yng nghyfraith ar Ffesbwc.

Yna dechreuodd iPad Michael ganu. Roedd rhywun yn ei FfesTeimio. Doedd neb byth yn FfesTeimio Michael. Dim ond unwaith o'r blaen roedd o wedi cael galwad, galwad hwyr un noson gan Carol. Roedd hi wedi mynd am drip penwythnos i Gaeredin efo genod y banc. Roedd hi wedi hanner nos yn bell a Michael yn rhochian cysgu ers meitin, ond ar ôl noson ar y coctels a'r Prosecco, nid yn unig roedd Carol yn gocyls, roedd hi hefyd yn horni. Deffrodd Michael drwyddo pan ddechreuodd ei wraig siarad yn fudur efo fo a bu ond y dim i'w lygaid neidio allan o'i ben pan welodd o Carol ar y sgrin fach yn tynnu ei choban a dechrau ymdrybaeddu mewn ychydig o *virtual sex* efo fo. Ond daeth y cwbl i ffwl stop pan gafwyd cnoc ar ddrws stafell Carol. Heulwen ei ffrind oedd yno, eisiau benthyg past dannedd. Holai Michael yn aml pryd roedd y genod yn bwriadu mynd i ffwrdd eto, yn y gobaith y cai ripît perfformans, ond heb i neb dorri ar eu traws y tro hwn.

'Pwy uffar sy'n FfesTeimio fi?' Roedd y rhif ar y sgrin yn un diarth. Pwysodd y rhif ac yna ymddangosodd wyneb cyfarwydd iawn.

'Mam?!'

'Helô, Michael. Dach chi'n iawn 'na?'

'Be dach chi'n neud ar FfesTeim?'

'Handi ydi o, 'de. Meddwl 'swn i'n FfesTeimio yn lle ffonio. Jan soniodd amdano fo. Fel'na 'dan ni'n cysylltu efo'n gilydd rŵan. Dwi ar y peth Ffesibwc 'na hefyd.'

'Felly dwi'n gweld.'

'Peth digon difyr ydi o, 'de. Ma gin i dros ugain o ffrindiau'n barod a dwi ond arno fo ers bora 'ma. Dwi'n ffrindiau efo Dafydd Elis-Thomas a Rhys Meirion! Wyt ti a Carol wedi cael fy *friend request* i?'

'Newydd ei weld o rŵan.'

'Er dwi ddim yn 'y ngweld i'n iwsio llawer arno fo. I be dwi isio gwybod os ydi hwn a hwn wedi tshecio i mewn i'r lle a lle, a be ma'n nhw 'di ga'l i swper. Sgin i fawr o ddiddordeb mewn gweld lluniau gwyliau pobol chwaith... Ydi Carol efo chdi?'

'Ma hi wrth fy ochr i yn fyma.'

Closiodd Carol at Michael a chododd ei llaw ar y sgrin. 'Helô, Menna. Jiw, chi'n trendi iawn 'da'ch Ffesbwc a'ch FfesTeim.'

'Dwi ddim yn adnabod fy hun, cofiwch. Dwi'n medru ordro pethau oddi ar y we a phob dim. Dwi 'di prynu dillad gwlâu newydd a chyrtans i'r tair stafell wely. A dwi newydd ordro bwyd o Tesco. Handi 'dio, 'te.'

Rhy handi, meddyliodd Carol, yn gweld ei mam yng nghyfraith yn gwario eu hetifeddiaeth fel dŵr.

Symudodd ei phen yn nes at y sgrin. 'Odi chi 'di neud rhwbeth i'ch gwallt, Menna?' Craffodd eto. 'Chi 'di ca'l *restyle*!' ebychodd wedyn.

'Dach chi'n lico fo, Carol? Dyna pam 'nes i ffes teimio deud gwir, i ddangos fy ngwallt i chi.'

Edrychai Menna ddeg mlynedd – os nad mwy – yn fengach na'i saithdeg pump oed.

Cymerodd Michael olwg fanylach ar wedd ei fam. Be andros oedd hi wedi'i neud i'w gwallt? Roedd ei mwng brith, a oedd wastad mewn set, wedi ei liwio a'i dorri'n gwta ffasiynol. Roedd yr heileits aur sgleiniog wedi'u plethu i'r lliw gwinau ac yn tanlinellu lliw brown golau ei llygaid.

'Ti'n licio fo, Michael?' holodd Menna, gan droi ei phen i'r ddwy ochr er mwyn dangos ei hedrychiad newydd yn iawn.

'Del iawn. Dach chi ddim byd tebyg i chi'ch hun!' ebychodd Michael a chymryd golwg agosach eto ar y sgrin.

Unig drît Menna oedd ei siampŵ a set wythnosol. Bu'n mynd at Iola i neud ei gwallt bob pnawn dydd Gwener, glaw neu hindda ers blynyddoedd.

Ond y dydd Gwener yma, pan gymerodd Iola ei chôt a'i harwain at y sinc, a dweud: 'Yr *usual*, ia, Mrs Wilias?'

Trodd Menna ati a datgan gan wenu, 'Na. Dwi ffansi tshenj bach heddiw.'

Edrychodd Iola arni'n syn. Edrychodd yn fwy syn byth pan aeth Menna i'w bag ac estyn darn o bapur wedi'i blygu'n dwt. Agorodd Menna'r dudalen oedd wedi'i rhwygo o *Woman's Weekly* a'i roi o flaen trwyn Iola.

'Fel'na 'swn i'n licio 'ngwallt.'

Syllai wyneb ac, yn bwysicach, gwallt Helen Mirren yn ôl ar Iola, er doedd honno fymryn callach pwy oedd hi.

Torrodd gwên fawr ar wyneb Iola. 'Mrs Wilias, dewch efo fi.'

Ers blynyddoedd bellach, ysai Iola i roi *restyle* i Menna. Doedd y pyrm efo'i gyrls tyn yn gwneud dim iddi ac mor hen ffasiwn. Pan awgrymodd un tro wrth Menna, gan fod ganddi wallt da a thrwchus, ei bod hi'n ei dorri a'i adael yn naturiol, yn lle cael pyrm ar ben pyrm, ysgwyd ei phen wnaeth honno a dweud yn dawel ei bod wedi mentro newid steil ei gwallt un waith, ond bod yn well gan Glyn hi efo cyrls.

Ar ôl blynyddoedd o byrms, *setting lotions*, cyrlyrs a gosod pen Menna o dan y *dryer*, cafodd Iola a'i siswrn bach fodd i fyw. Chafodd y steilydd ddim cymaint o bleser yn ei gwaith ers sbel. A phan awgrymodd y byddai ychydig o heileits yn ddel, cytunodd Menna'n llawen.

'Wel, dach chi licio fo?' holodd Iola ar ôl gorffen torri, lliwio a steilio. Teimlai'n bles iawn efo'i gwaith. Roedd y gweddnewidiad yn drawiadol. Doedd Menna ddim yr un ddynes.

Allai Menna ddim credu mai y hi oedd yn y drych. Pwysodd ymlaen yn ei chadair i gael golwg fanylach. Nodiodd a'i llygaid yn llenwi. Pan ffeindiodd ei llais yn y diwedd, sibrydodd, 'Ddylwn i fod wedi gwneud hyn flynyddoedd yn ôl.'

Wrth gerdded o'r salon y pnawn hwnnw, teimlai Menna yn union fel pilipala yn mentro allan o'i grysalis. Yr holl ffordd i'r maes parcio allai hi ddim stopio gwenu a chymryd sbec ar ei hadlewyrchiad yn ffenestri'r siopau. Wrth yrru adre ciledrychodd arni hi ei hun yn y drych. Hoelen arall yn arch Glyn, meddyliodd.

'Dwi wedi cael gneud fy ngwinadd hefyd.' Chwifiodd Menna ei llaw a'i hewinedd *Hot Pop Pink*, o flaen y sgrin. 'Jan berswadiodd fi i fynd efo hi am *manicure* deud gwir. O'n i erioed wedi bod o'r blaen.'

'Ac os fysa Jan yn deud wrthych chi am roi eich bys yn tân?' mwmiodd Michael o dan ei wynt yn bwdlyd.

'Be ti'n ddeud, Michael? Dwi'n dy golli di...'

'Dim. Dim byd.'

'Fi 'di'r bai ma'n siŵr, yn symud y ffôn 'ma. Gobeithio 'na'i ddim colli'r signal,' meddai Menna a oedd wedi symud o'r gegin i'r stafell fyw. 'Be dach chi'n feddwl o hyn, 'ta... Sbïwch.'

Trodd Menna sgrin ei ffôn bach oddi wrthi a dangos y stafell i'r ddau.

Craffodd Michael a Carol i mewn i'r sgrin. Allai'r ddau ddim credu eu llygaid. Roedd y stafell fyw a'r parlwr bellach yn un. Roedd ei fam wedi torri drwodd o'r rŵm ffrynt i'r ystafell fyw gan greu ystafell olau agored braf. Doedd dim golwg o'r hen soffa a'r cadeiriau Parker Knoll felôr gwyrdd, yn eu lle roedd dwy soffa hufen gyfforddus a chlustogau gwyrddlas golau. Roedd y stafell wedi'i phaentio a'i phapuro mewn lliwiau hufen a gwyrddlas golau chwaethus. Roedd yr hen grât cerrig hefyd wedi mynd a thân nwy modern yn cynhesu'r stafell. Meiddied unrhyw jac do wneud ei nyth yn y corn rŵan.

'Wel, be dach chi'n feddwl?' holodd Menna â thinc balch yn ei llais. '*Duck egg blue* ma'n nhw'n galw'r lliw.'

'Pryd wnaethoch chi hyn?' holodd Michael. 'Wnaethoch chi ddim sôn dim byd.'

'Penderfynu'n sydyn 'nes i un noson.'

Ar ganol gwylio *Coronation Street* oedd Menna a bod yn fanwl gywir. Pan ddaeth yr hysbysebion ymlaen aeth ati i roi mwy o lo ar y tân. Damniodd o dan ei gwynt, roedd y bwced wrth y grât yn wag. Pan oedd hi ar y ffordd i'r cwt glo cofiodd fel y byddai Glyn yn arfer sefyll ar yr aelwyd yn cynhesu ei din o flaen tanllwyth coch braf.

'Does 'na ddim curo tân go iawn,' byddai'n arfer ei ddweud

gan ochrgamu ryw fymryn er mwyn gwneud lle i Menna ychwanegu shyfliad arall o lo. Roedd hi'n ddigon hawdd iddo fo ganu clodydd tân glo, ddim y fo oedd yn gorfod haldian bwcedaid drom yr holl ffordd o'r cwt yng nghefn y tŷ i'r stafell fyw. Ei joban hi oedd honno. Job ddiflas ar y naw, yn enwedig yn y gaeaf a hithau wedi t'wllu'n gynnar a, saith gwaith allan o bob deg, yn bwrw glaw. Arferai Glyn edrych ar Menna'n feunyddiol bron, yn bustachu cario'r bwced heb unwaith godi ei fys a chynnig mynd yn ei lle.

Daeth Menna i benderfyniad. Dim mwy. Roedd hi wedi cael llond bol. Dim mwy o gario glo. Dim mwy o orfod gwitshiad i'r tân gynhesu'r stafell, a disgwyl wedyn am hydoedd am ddŵr poeth ac i'r gwresogyddion boethi. Dim mwy o orfod gwneud tân oer bob bore. Tân nwy oedd y ffordd ymlaen. Tân nwy a chynhesu'r tŷ efo oel. Oel oedd gan Michael a Carol yn Nhreorci ar roedd ganddyn nhw ddŵr poeth rownd ril, a dim ond troi'r switsh ymlaen roedd angen ac ymhen chwinciad roedd y tŷ'n gynnes braf. Oel amdani.

Y bore wedyn edrychodd Menna yn rhifyn diwethaf yr *Yellow Pages*, a oedd traean y maint yr arferai fod, am fildar a phlymar i wneud y gwaith angenrheidiol.

Wrthi'n yfed ei baned, yr ail y bore hwnnw, a bwyta torth frith, ei drydedd dafell, oedd George y bildar, pan gyffyrddodd Menna yn y wal tu ôl iddi a gofyn, 'Faint o job fysa hi i dorri drwodd o'r stafell yma i'r stafell ffrynt, dwch?'

'Dau gachiad,' atebodd hwnnw, gan gymryd swig arall o'i de tair llwyaid o siwgr.

'Dim ond hynny?'

'Tydi hi ddim yn *retaining wall*, 'lwch.'

'Rhowch ordd ynddi hi, George,' datganodd Menna heb droi blewyn.

'Be?' gofynnodd hwnnw'n syn.

'Rhowch ordd ynddi. Be 'di'r pwynt ca'l dwy stafell fach dywyll? Mi oleuith yr hen dŷ 'ma i gyd wedyn.'

'Dwi'm yn ama. Ond ew, Mrs Wilias bach, dach chi'n siŵr? Mi fysa'n golygu lot fawr o faeddol i chi. Llwch a baw drwy'r tŷ... Mrs Wilias, be dach chi'n feddwl dach chi'n ei neud? Gwyliwch! Ma'r ordd 'na'n drwm!'

Er nad oedd hi fawr o gorffyn, roedd Menna wedi codi'r ordd gerllaw ac wedi dechrau waldio'r wal fel peth gwyllt.

'Deuparth gwaith ydi dechrau, meddan nhw, 'te,' meddai wrth George oedd yn syllu'n gegagored ar y tolc yn y wal.

Ac yn union fel y wal honno ym Merlin, felly hefyd y tynnwyd y wal i lawr ym Mhenrallt.

'Dach chi'n licio fo?' holodd Menna i'w mab a'i merch yng nghyfraith.

'Neis iawn,' atebodd Carol ar hyd ei thin, gan edmygu chwaeth ei mam yng nghyfraith yn dawel bach. 'O'n i ddim yn gwbod bo shwt *flair* 'da chi am *interior design*, Menna.'

'Be ti'n feddwl, Michael? Tydi o ddim yr un lle, nachdi?' Roedd cael sêl bendith ei mab i'r mêcofyr yn bwysig iddi.

Am unwaith, roedd Michael dal yn gegrwth. Ymhen hir a hwyr, llwyddodd i fwmian, 'Del iawn.'

'A ma gin i fwy i ddangos i chi. Dewch efo fi i'r llofft.'

Drwy gyfrwng y sgrin aeth Menna â'r ddau ar daith i fyny'r grisiau i'w hystafell wely.

'Dach chi dal yna?' holodd i'r sgrin.

'Odyn,' atebodd Carol, ei chwilfrydedd yn goferu.

Agorodd Menna ddrws ei hystafell wely. Unwaith eto, roedd y stafell hon wedi ei gweddnewid yn llwyr. Yn falch, dangosodd Menna'r carped hufen newydd, y wardrobs a'r cypyrddau pren golau newydd. Dangosodd ei gwely newydd wedi'i orchuddio â dwfe pluog a'i orchudd melyn a llwyd patrymog. Roedd Glyn yn casáu *continental* cwilts, roedd yn well ganddo fo gynfasau cotwm a blancedi traddodiadol. Bob bore am flynyddoedd bu Menna'n bustachu i wneud y gwely, gan sythu a phlygu'r cynfasau'n daclus, ond rŵan yr unig beth yr oedd hi'n gorfod ei wneud oedd sythu'r dwfe a doedd hynny ond yn cymryd chwinciad chwannen. Sylwodd Michael fod hyd yn oed safle'r gwely wedi newid. Roedd 'na lawer iawn mwy o le yn y stafell ar ôl ei symud i'r wal arall.

'Dach chi'n licio fo?' gofynnodd eto i'r ddau. 'Tydi hi ddim yr un stafell, nachdi? A be dach chi'n feddwl o hon, 'ta?' Roedd 'na un peth roedd Menna hyd yn oed yn fwy balch ohono. Trodd y sgrin i ddangos y *pièce de résistance* yn hongian ar y wal.

'Ma 'na Sky a chwaraewr DVD ynddo,' datganodd Menna am ei theledu. 'Ges i andros o ffilm dda yn fy ngwely noson o'r blaen. Dwi isio gneud y ddwy stafell sbâr nesa ac aildeilsio y bathrwm a rhoi *walk in shower* i mewn. Ma'r gegin newydd yn cael ei gosod wsnos i ddydd Mercher.'

'Fydd pobol yn meddwl bo chi wedi ennill y loteri, 'da'r holl wario chi 'di neud,' chwarddodd Carol yn ysgafn, ond gan ferwi tu mewn. Faint oedd Menna wedi'i wario? Miloedd mae'n debyg. Beth yffach oedd wedi dod dros ei phen hi?

'Duwcs, waeth i chi wario ddim,' ategodd Michael, cyn cael pwniad hegar yn ei asennau.

'Yn hollol, Michael bach. Yn hollol. Dyna be ma Jan yn fy atgoffa i bob munud.'

Y blincin ddynes yna eto, meddyliodd Carol. Y peth gwaetha ddigwyddodd oedd i honno landio yn ôl ar y sin. Roedd hi'n boen yn y tin gwirioneddol yn rhoi syniadau ym mhen Menna.

'Well i mi fynd rŵan, ma Jan yn galw amdana fi'n munud. Dan ni'n mynd i Oriel Môn heno.'

'Oriel Môn? Be wnewch chi'n fanno?' holodd Michael, gan rwbio'i asennau. Hen law front oedd gan ei wraig.

'Dwi 'di ca'l gwadd gin Hywel i noson agoriadol ei arddangosfa lunia.'

'Hywel, pwy ydi'r Hywel 'ma pan ma o adra?' holodd Michael fel bwled. Blydi hel, doedd ei fam ddim yn gwastraffu amser. Prin roedd ei dad wedi oeri ac roedd ganddi ddyn arall.

'Brawd Jan. Ti ddim yn ei nabod o.'

'Welwn ni chi'n fuan, ia?' meddai wedyn yn big. 'Driwn ni ddod i fyny'r wîcend ar ôl nesa.'

'So ni byth wedi sorto'r *power of attorney* 'na – na throsglwyddo'r tŷ chwaith,' atgoffodd Carol y ddau.

'Duwcs, does 'na ddim brys. Ac mae o'n bell iawn i chi ddŵad am noson neu ddwy, tydi? Mi fydd y gegin 'ma â'i thraed i fyny'r penwythnos hwnnw. Fysa well i chi ddŵad eto. Ylwch, ma'n rhaid i mi fynd, ma Jan newydd ganu corn.'

'Welwn ni chi mewn pythefnos neu dair, 'te, ife?' Roedd Carol ar dân eisiau gweld y tŷ ar ei newydd wedd.

'Ia, ella… Gawn ni weld, ia?'

'Be dach chi'n feddwl, gawn ni weld?' holodd Michael.

'Wel, dwi ddim yn rhyw siŵr iawn be ydi 'mhlaniau i. Ma Jan wedi gaddo dod efo fi i chwilio am gar newydd yn lle yr hen Jaguar yna. Dwi'n eitha ffansi Audi A1 bach, deud gwir. A da ni wedi trefnu mynd i Gaer, ac mae trip y pensiynwyr gen i un penwythnos. Trip cwch ar y Fenai, dwi wastad wedi ffansi mynd. Ylwch, ma Jan newydd landio. Mi wna'i Ffes teimio chi eto. Ta-ra.'

Mewn amrantiad roedd wyneb ei fam wedi diflannu oddi ar y sgrin.

Pwy oedd y ddynes yma roedd Michael newydd siarad efo hi? Doedd hi ddim yn swnio'n debyg i'w fam. Doedd hi ddim yn swnio fel y hi nac yn edrych yn debyg iddi chwaith. Dim brecdown roedd ei fam yn ei gael, sylweddolodd Michael. Blodeuo oedd hi. Blodeuo a disgleirio ar ôl byw am flynyddoedd dan orthrwm ei dad. Roedd y fersiwn newydd yma yn ddieithr iawn iddo. A doedd o ddim yn siŵr iawn be i neud efo hi chwaith.

Rŵan ydi rŵan

Wrth iddi gerdded i mewn i'r Oriel, teimlai Menna'n reit nerfus. Doedd hi ddim wedi bod mewn unrhyw ddigwyddiad ers i Glyn gicio'r bwced. Roedd o'n deimlad rhyfedd iawn mynychu rhywle heb fod Glyn wrth ei hochr. Ar wahân i weithgareddau Merched y Wawr, roedd Glyn efo hi'n wastadol – fel Duw, llond pob lle a wastad yn bresennol. Ond doedd ganddi hi ddim rheswm i deimlo'n nerfus, meddyliodd wedyn, gan gymryd gwydriad o win oddi ar y tre. Bellach doedd hi ddim yn gorfod gwylio beth roedd hi'n ei ddweud ac wrth bwy. Doedd 'na neb i'w chywiro a'i bychanu o flaen pobol, fel yr arferai Glyn ei wneud.

Roedd hi'n dal i gofio'r noson honno pan ddaeth John ac Olwen Davies i swper. Roedd John newydd gael ei wneud yn arweinydd y Cyngor ac roedd Glyn yn awyddus iawn i blesio a chrafu. Roedd y ddau yn bethau digon clên, chwarae teg, ond fel yr âi'r noson yn ei blaen sylwodd Menna fod y ddau wedi mynd i wingo dros y ffordd roedd Glyn yn trin Menna druan.

'Ma'r *terrine* mws eog 'ma'n fendigedig, Menna,' canmolodd Olwen y dechreufwyd. 'Rhaid i mi ga'l y rysáit gynnoch chi.'

'Waeth i chi heb. Wedi ei brynu o yn Marks ma hi,' datganodd Glyn wrth dollti gwin i wydr John.

Edrychodd John ac Olwen Davies yn syn, ddim yn siŵr os mai tynnu coes neu beidio oedd Glyn.

'Wel, does 'na ddim byd o'i le yn hynny, ma 'na bethau neis

iawn i ga'l yn Marks.' Fel cyfreithwraig teulu, roedd Olwen Davies wedi dod ar draws Glyn a'i deip sawl tro yn anffodus.

'Tynnu coes, siŵr,' chwarddodd Glyn, yn synhwyro bod ei jôc wamal wedi bacffeirio fymryn.

'Mae o ddigon hawdd,' meddai Menna, yn ceisio llenwi'r tawelwch oedd wedi disgyn fel blanced dros y bwrdd bwyd. 'Yr oll sy angan ydi eog, caws hufennog, hufen, *zest* a sudd lemon, a chymysgu'r cwbl efo'i gilydd yn y prosesydd bwyd.'

'Mary Berry, cryna yn dy din,' mwmialodd Glyn yn goeglyd o dan ei wynt.

'Wel, dwi'n siŵr fysan ni ddim yn blasu un cyn neisiach yn Marks. Mae o'n fendigedig. Tydi, John?'

'Mmm, a deud y gwir, dwi am fod mor hy a gofyn am sleisen fach arall, os ca'i,' gwenodd John, gan estyn ei blât i Menna.

Fyddai pob gŵr call wrth ei fodd bod bwyd ei wraig yn cael y fath gompliments, ond doedd Glyn ddim hanner call.

'Ha, ma'n gorfod bod yn hawdd neu fysa Menna 'ma byth yn medru'i neud o. Ma berwi wy yn gamp i hon. A pheidiwch â gada'l preshyr cwcyr yn agos ati. Nath hi ddim gosod y falf yn iawn ar y peth un tro ac mi ffrwydrodd y tatws dros bob man. Mi fuest ti am ddyddiau'n llnau nenfwd y gegin, 'do?'

Pam, o pam oedd Glyn eisiau agor ei hen geg fawr? I be roedd o eisiau edliw hyn dro ar ôl tro? Yr hyn na eglurodd Glyn wrth eu gwesteion oedd mai y *fo* osododd y falf ar y sosban fawr, gan fod Menna ar y pryd yn rhedeg ei llaw o dan dap dŵr oer.

'Be ma hwn yn ei neud yn fyma?' Roedd o newydd fartsio i mewn i'r gegin ar ôl dod adra o'i waith ac wedi sylwi ar yr amlen frown yn dal ar y wyrctop.

'Damia, sori, 'nes i anghofio.' Rhwng siopa am gynhwysion y pryd bwyd ar gyfer eu gwesteion y noson honno, sef Cadeirydd y Rotari a'i wraig, roedd hi wedi anghofio'n llwyr i bostio'r amlen ar ran Glyn.

'Peth diwetha ddeudes i wrthot ti bora 'ma oedd "cofia bostio hon". O'dd o ddim mor anodd â hynny, nag oedd?'

'Wna'i bora fory. Neith un diwrnod fawr o wahaniaeth siawns.' Os oedd o mor bwysig â hynny, pam na fyddai Glyn wedi ei phostio ei hun? Dim ond tair siop oedd yna rhwng y Swyddfa Bost a siop Glyn. Ond feiddiai Menna ddim lleisio hynny.

'A sut w't ti'n gwybod?' meddai'n sarhaus. Hefo bob sill prociai ei fys yn frwnt ar ei brest. Camodd hithau yn ei hôl a dyna pryd ddigwyddodd o. Baglodd, gan golli ei balans, ac er mwyn arbed ei hun, estynnodd ei llaw allan gan gyffwrdd ym mhlât boeth yr Aga. Theimlodd Menna erioed y fath boen. Cipiodd ei llaw eiddil yn ôl a rhuthrodd at y sinc gan adael i'r dŵr oer geisio lleddfu ychydig ar y llosg. Diolch byth mai eiliadau'n unig y cyffyrddodd ei llaw yn y plât.

'Ti'n iawn?' gofynnodd Glyn ymhen sbel, ar hyd ei din.

Nodiodd ei phen. Gan deimlo fymryn bach yn edifar ond yn teimlo mwy o banig o sylweddoli y byddai eu gwesteion yn cyrraedd ymhen llai nag awr, tyrchodd Glyn ei lewys am y tro cyntaf yn eu bywyd priodasol. Yn ei hast a'i anwybodaeth wrth drin a thrafod teclynnau'r gegin, mi fethodd osod falf y preshyr cwcyr yn iawn. Y canlyniad oedd shrapnel o Maris Piper dros yr holl gegin. Cael a chael oedd hi i Menna lwyddo i lanhau'r llanast a berwi mwy o datws cyn i'w gwesteion gyrraedd. Hyn i gyd er gwaethaf ei llaw friwedig.

Edmygodd Jan a hithau y lluniau yn hongian ar y waliau. Roedd Hywel yn dipyn o artist, chwarae teg. Tirluniau oedd ei ddiléit, ac roedd Menna hanner ffansi prynu yr un o draeth

Porth Swtan, ond yn anffodus roedd rhywun wedi achub y blaen arni ac roedd sticer bach coch eisoes wrth ei ochr.

'Diolch i chi'ch dwy am ddŵad. Mwha!' torrodd cyfarchiad Hywel ar draws ei meddyliau. Cofleidiodd y ddwy. Digon hawdd oedd gweld bod Hywel a Jan yn frawd a chwaer, roedd y ddau yr un sbit. Roedd Hywel hefyd yn dal ac yn denau er fod ei wallt cringoch wedi hen fritho.

'Menna, dyma Derec. Derec, Menna.'

Safai dyn yr un mor dal a thrwsiadus wrth ei ochr. Ei wallt yntau wedi britho, sbectol drendi am ei drwyn a barf *goatee* drwsiadus yn cuddio'i ên. Rhoddodd hwnnw wedyn gusan a choflaid gynnes i Menna.

'Llongyfarchiadau mawr i chi'ch dau hefyd,' meddai Menna wrth y cwpl.

Mi fyddai Glyn yn cael ffit biws, meddyliodd. Roedd yn arfer bod yn berchen llu o ragfarnau. Yn eu mysg, roedd pobol hoyw. Cofiai fel y byddai wastad yn tantro ac yn mynd ar ei hen focs sebon yn syth, munud roedd 'na eitem ar y newyddion ynglŷn â phriodas gyfunrywiol.

'Dyn a dyn yn priodi? Tydi'r peth ddim i fod, siŵr, tydi o ddim yn gneud sens. Uniad rhwng dyn a dynas ydi priodas. Mae o'n deud yn glir yn y Beibl.'

'Hei, ma'r llunia 'ma'n ffantastig, Hyw, o'n i'n meddwl mai dim ond gneud ychydig o sgribls ar gynfas oeddet ti,' pryfociodd Jan ei brawd mawr.

'Ma 'na sawl sticer bach coch ar rai yn barod!' gwenodd Derec. 'Da, 'te. Ar y rât yma mi fyddan nhw wedi'u gwerthu i gyd.'

'Dwn i ddim am hynny, 'de,' atebodd Hywel yn wylaidd. 'Reit, well imi fynd o gwmpas i ddeud "helô". Welwn ni chi wedyn.'

Gadawodd Hywel a Derec y ddwy a bachodd Jan wydriad arall o win oddi ar y bwrdd gerllaw.

'Gwydra bach ydyn nhw,' datganodd Jan pan welodd Menna'n syllu arni.

Roedd Menna wedi anghofio cymaint roedd Jan yn medru ei yfed. Roedd hi ar fin ei hatgoffa ei bod hi'n gyrru pan welodd Menna hi. Tracey Donnelly. Hon oedd yn gyfrifol am ymadawiad Glyn. Mi roddodd ei chwythiad olaf tra roedd ei bastwn yn pistynu yn fflewjan y ffliwsan yma.

Hwn oedd y tro cyntaf i Menna ei gweld ers iddi golli ei gŵr. Welodd hi mohoni yn y cynhebrwng. Falla bod ganddi ddigon o grebwyll i gadw draw neu falla ei bod hi yno ymysg y dorf a bod Menna heb sylwi. Roedd y byd a'i nain yn yr angladd y pnawn gwyntog hwnnw. Yn gynghorwyr sir a staff y Cyngor, aelodau'r *Lodge*, y Rotari, y Clwb Golff, aelodau capel Bethania, aelodau Gorsedd Beirdd Môn. Toedd Glyn Meirion Williams yn un o gonglfeini'r fro? Yn biler y gymdeithas?

Roedd Jan newydd ddweud rhywbeth wrthi, ond chlywodd Menna'r un gair. Roedd ei holl sylw wedi'i hoelio ar Tracey yn gwneud llygada llo bach ar Islwyn Parry, arweinydd newydd y Cyngor a'i choncwest diweddaraf. Yn amlwg fuodd hi ddim yn hir iawn yn ffeindio rhywun i gymryd lle Glyn. Dim ond gobeithio bod calon yr hen Islwyn mewn gwell cyflwr nag un ei gŵr, meddyliodd Menna. Neu mi fyddai hi'n 'gwdbei Wêls' arno fynta hefyd.

'Pwy 'di honna'n fana?' Roedd Jan wedi sylwi bod Menna'n llygadrythu ar ryw ddynes oedd angen mynd i Debenhams y ffordd gyntaf i gael ei mesur ar gyfer bra oedd yn ffitio. Roedd ei bronnau'n goferu o dop blodeuog oedd rhy dynn ac yn rhy ifanc iddi.

'Pwy 'di pwy?' atebodd Menna'n ddi-hid.

'Y *peroxide* blond 'na'n fanna sy dros y dyn bach 'na fatha rash. Sôn am *mutton dressed as lamb*, myn uffar i. A ma'i thits hi bron allan o'r top 'na. Ti'n nabod hi?'

'Nac ydw. Ond mi o'dd Glyn yn ei nabod hi. Yn ei nabod hi'n dda iawn.'

Edrychodd Jan ar Menna. 'Ti rioed yn deud... Be, efo honna?'

'Efo hi o'dd o, pan gafodd o drawiad.'

Agorodd llygaid Jam fel dwy soser fawr. 'Fel "efo hi" fel yn "efo hi"?'

Nodiodd Menna. Peth braf oedd cael cyfaddef y gwirionedd ynghylch marwolaeth Glyn o'r diwedd.

'Yr hen gi drain iddo fo!'

'Ddeudodd o wrtha i mai mynd i sgota o'dd o.'

'Bastad... Ges i brofiad tebyg flynyddoedd yn ôl. O'n i'n mynd allan efo'r boi 'ma, Pete o'dd ei enw fo, 'ta Paul, dwa? Duwcs, dwi ddim yn cofio. Ta waeth. Chwara *keyboard* o'dd o, ffri lans. A mi o'dd o wedi cael joban i gyfeilio ar un o'r llongau *cruise* 'ma, sdi. O'n i'n gwybod bod yr Anne 'ma yn ei ffansïo fo. Rhyw gantores o Seland Newydd o'dd hi. Fuodd hi ar *Opportunity Knocks* unwaith, ddoth hi'n ail i ryw gi'n gneud triciau. Wel, mi ges i glywed o le da fod y ddau'n boncio'i gilydd. O'n i'n ffrindiau agos efo'r gitarydd, ti'n gweld.'

'Be 'nest ti?' holodd Menna oedd newydd ddal llygaid Tracey Donnelly. Roedd honno, yn euog fel ag yr oedd hi, wedi edrych i ffwrdd yn wyllt. Petai Menna wedi bod shedan yn agosach ati, mi fyddai wedi sylwi iddi gochi at ei chlustiau ac i rash mawr coch ymledu i lawr ei gwddf a'i brest.

'Wnes i ddim lol ond fflio i Barcelona – fanno o'dd y llong wedi docio ar y pryd – a deud wrth Anne i gadw ei hen facha budur oddi ar fy nyn i. O'dd hynna ar ôl i mi roi pelten iddi.'

"Nest ti rioed?'

'Do, tad. O'dd Pete wedi dotio fy mod i wedi fflio allan yna yr holl ffordd. Fod gin i gymaint o feddwl ohono fo. A'th o ar ei linia ac erfyn arna i i faddau iddo, deud mai gwan o'dd o. O'dd Anne wedi lluchio ei hun ato, medda fo. Fysa fo byth yn anffyddlon eto, a hynna i gyd.'

"Nest ti faddau iddo?'

'Wel do a naddo. Yr unig beth oedd, o'n i wedi cyfarfod y boi 'ma ar y plên ar y ffordd allan. Paul o'dd enw hwnnw, dwi'n cofio rŵan!' ebychodd Jan, gan wenu. 'Mmm. Un da o'dd Paul. 'Nes i orffen efo Pete i fynd efo Paul. Efo hwnnw 'nes i ymuno â'r *mile-high club* am y tro cynta.'

'Mile-high club?'

'Ti'n gwybod...'

'Nac ydw...'

'Be? Dwyt ti erioed wedi clywed sôn am y *mile-high club*?'

Ond cyn i Jan gael cyfle i esbonio mwy wrth ei ffrind am y clwb hynod ecscliwsif hwnnw, croesawodd arweinydd y noson bawb i'r lansiad.

'Dwi isio gofyn rwbath i chdi hefyd,' sibrydodd Jan yn ei chlust. Roedd hi'n amlwg bod yr arweinydd yn licio clywed ei lais ei hun, a byddai Menna wedi rhoi'r byd am gael eistedd. Roedd ei bŵts yn pinsio ac roedd hi'n amau bod ganddi flister ar ei bys bach. Ei bai hi oedd o am wisgo'r bŵts bach du swêd newydd roedd hi wedi'u prynu'r wythnos cynt. Roedd hi wedi methu maddau iddyn nhw pan welodd nhw mewn siop sgidiau ym Mangor. Pan oedd Glyn yn fyw fyddai hi byth wedi meiddio eu prynu. Wel, fyddai ganddi ddim pres yn un peth, y fo oedd yn rheoli pob gwariant gan roi swm wythnosol i Menna i wario ar fwyd a geriach i'r tŷ. Byddai'n gorfod gofyn am bres ychwanegol petai hi angen prynu rhyw ddilledyn iddi hi ei hun ac wedyn byddai Glyn yn gorfod rhoi sêl bendith. Fyddai o byth bythoedd wedi cytuno i Menna brynu'r bŵts bach swêd efo'r sodlau tair modfedd. Byddai hi'n dalach nag o yn un peth, ac un peth roedd Glyn yn ymwybodol iawn ohono oedd ei daldra, neu ei ddiffyg taldra. Pum troedfedd pedair modfedd oedd o yn ei draed sanau, ond llwyddai i gyrraedd yr uchelfannau o bum troedfedd chwe modfedd a hanner (ac roedd yr hanner yn bwysig) pan oedd o'n gwisgo'r sgidiau arbennig y byddai'n eu hordro oddi ar y we efo'u *built in inner sole*.

O'r diwedd gorffennodd yr arweinydd ei anerchiad.

'Wel, ti'n gêm, 'ta?' gofynnodd Jan iddi. 'Ddoi di, 'ndoi?'

'Dŵad i le?'

Roedd y bŵts wirioneddol yn pinsio erbyn hyn. Gobeithio i'r nefoedd bod ganddi Compeed adra, meddyliodd Menna.

'I Gran Canaria. Wel, mynd i aros i Necker at Richard a'r trŵps o'n i wedi'i fwriadu neud. Ond ma hi'n dymor yr *hurricane* yna ar hyn o bryd ac ar ôl be ddigwyddodd yn 2017, dwi ddim am ei shansio hi.'

'Richard? Pwy 'di Richard pan ma o adra?'

'Richard Branson, 'te, ti'n gwbod pwy 'di hwnnw siawns.'

'Dwi'n gwbod pwy ydi o. Ond dwi ddim yn ei nabod o chwaith.'

Daliai Menna i ryfeddu at gylchoedd o ffrindiau Jan.

'Yli hwyl gawn ni,' meddai ei ffrind wedyn.

'Gran Canaria? Lle andros ma fanno?'

'Yn yr Atlantic yn rhwla. Uffar o ots lle mae o. Yr unig beth dwi'n wybod ydi y bydd hi'n boeth braf yna. Ddoi di, 'ndoi?'

'Diolch yn fawr iawn i ti am y cynnig. Ond dim diolch fawr.'

Petai Menna wedi cael y cynnig flynyddoedd yn ôl, mi fyddai

hi wedi neidio arno. Ond y gwir plaen amdani roedd ganddi ofn. Ofn hedfan, ofn mentro i wlad ddieithr bellennig. Roedd byw efo Glyn am bron i hanner canrif wedi llesteirio ei natur anturus.

'Tyrd yn dy flaen. Gawn ni laff.'

Dechreuodd Menna feddwl am esgusodion i beidio â mynd.

'Ma gin i lot o bethau mlaen.'

'Hy! Fel be felly?'

'Ma gin i gyfarfod rhanbarth Merched y Wawr a ma Michael a Carol isio dod i fyny'n fuan a...'

'Duwcs, esgus iawn i chdi golli'r uffar. A mi fedri di aildrefnu efo Michael, fedri.'

Roedd gan Jan ateb i bob esgus.

'Ond sgin i ddim pasbort na dim.' Wnaiff hynna roi caead ar dy hen biser di, meddyliodd Menna. 'Well i ti ofyn i rywun arall. Ond diolch am feddwl amdana i 'run fath.'

'Mater bach ydi cael un, 'de.'

'Be?'

'Duwcs, mater bach ydi trefnu cael pasbort i chdi.'

'Fel deudes i, diolch am y cynnig ond...'

'Be sy' mater efo chdi? Mi wyt ti wedi mynd yn boring iawn yn dy henaint. Fysa chdi wedi neidio ar y cyfle erstalwm.'

'Wel, erstalwm oedd hynny, 'de. Rŵan ydi rŵan.'

'Ia, rŵan ydi rŵan, a ma'n rhaid i ni fanteisio ar rŵan. Heddiw. Neu mi fydd hi'n rhy hwyr.'

'Am be ti'n rwdlian, dwa? Dwi'n mynd i'r tŷ bach.' Gwnaeth Menna ei ffordd i gyfeiriad y toiledau. Unrhyw esgus i ffoi o bwysau perswadio Jan.

Ar ôl pi-pi, golchodd Menna ei dwylo gan syllu arni ei hun yn y drych.

Gran Canaria wir! Lle roedd Gran Canaria beth bynnag?

Doedd hi erioed wedi clywed am y lle. Gran Canyon, oedd. Oedd o'n agos i hwnnw? Roedd hwnnw yn America yn rhwla! Petai hi ddeg mlynedd, neu ugain mlynedd, yn fengach ella y byddai hi'n ystyried y peth. Ond mi roedd hi'n rhy hen i drampio dramor bellach. Fyddai hi byth yn medru ymdopi mewn gwlad estron.

'Fasat ti byth yn medru... Dwyt ti ddim yn medru... Fedri di ddim...' Geiriau cyfarwydd. Geiriau roedd Glyn wedi'u drymio i mewn i'w phen ers degawdau. Pigo'n ara deg bob yn dipyn yn ei hyder. Geiriau oedd wedi cael eu hoelio'n ddwfn i'w hisymwybod, fel ei bod hi bellach yn eu credu. Geiriau cyson Glyn. Ond doedd Glyn ddim yma bellach. Roedd Glyn wedi marw.

'Rŵan ydi rŵan a ma'n rhaid i ni fanteisio ar rŵan. Heddiw. Neu mi fydd hi'n rhy hwyr,' atseiniodd geiriau Jan yn ei phen.

Roedd Menna wedi cael ail gyfle. Yr unig beth roedd yn ei dal hi'n ôl oedd hi ei hun. Hi ei hun ac ofn. Ond ofn be'n union? Sychodd ei dwylo. Roedd hi ar fin camu allan o'r toiledau pan ddaeth neb llai na Tracey Donnelly i'w hwynebu.

Gwelodd Menna'r panig yn ei llygaid. Roedd hi fel llygoden wedi'i dal mewn trap. Dim ond y ddwy ohonyn nhw oedd yn y tŷ bach. Llyncodd Tracey ei phoer a gwelodd Menna hi'n gwrido o'i blaen. Rargian. Mi roedd y top roedd ganddi amdani yn dynn hefyd. Roedd o leiaf seis os nad dau yn rhy fach iddi. Ceisiodd Menna wthio'r llun anffodus hwnnw o ben moel Glyn wedi'i gladdu yn y rhych blonegog.

Dyma ei chyfle, meddyliodd. Dyma ei chyfle i ddweud wrth hon yn union be oedd ar ei meddwl hi.

'Dwi'n falch ein bod ni wedi taro ar ein gilydd fel hyn.' Gwenodd ar ei nemesis yn glên a chamodd tuag ati.

Caeodd Tracey ei llygaid yn dynn, gan ddisgwyl dyfodiad y swaden. Doedd hi'n haeddu dim llai.

Ond, er mawr syndod iddi, yn hytrach na chlusten, cafodd ei gwasgu mewn coflaid. Agorodd ei llygaid yn methu coelio'r peth. Roedd gweddw ei chyn-gariad yn ei chofleidio'n dynn.

'Diolch fawr i chi,' sibrydodd Menna yn ei chlust.

'Sori?' Doedd Tracey ddim yn credu ei chlustiau. Oedd y ddynes yma newydd ddiolch iddi? Doedd hi'n amlwg ddim yn iawn yn ei phen.

'Isio diolch i chi ydw i, Tracey bach.' Gollyngodd Menna hi. 'Dach chi wedi gneud ffafr fawr iawn â mi, dalltwch. Y peth gora wnaethoch chi o'dd agor eich coesau i 'ngŵr i. Diolch i chi.'

Ac ar ôl ynganu'r ychydig eiriau yna, camodd Menna drwy ddrws y tŷ bach yn ôl i'r Oriel, gan adael Tracey yn ei thop dau faint rhy fach iddi, yn gegagored.

Newyddion mawr

'TASWN I'N GWYBOD eich bod chi'n dŵad, 'swn i 'di gneud sgons.'

'Ma Michael a fi ar *carb free* diet,' datganodd Carol a'i llygaid bron â neidio o'i phen pan welodd hi'r gweddnewidiad yn y gegin. Roedd yr hen unedau pren brown tywyll hen ffasiwn wedi diflannu ac yn eu lle roedd 'na gypyrddau ac unedau pren derw steil *shaker* lliw hufen. Roedd *range* trydan modern wedi cymryd lle'r hen aga temprimental.

'Argo'! Ma hi'n grand 'ma,' datganodd Michael.

'Dyw cegin Mary Berry ddim cystal â hon, wi'n siŵr!' ategodd Carol, yn wyrdd o genfigen. Dim cegin o B&Q oedd hon, roedd hon wedi costio ceiniog a dime, meddyliodd wrth agor a chau'r cypyrddau.

'A dwi ddim wedi bod yn siopa bwyd wsnos yma chwaith. Wn i ddim be gawn ni i swpar,' meddai Menna wedyn yn boenus, gan drio cofio os oedd ganddi ddigon o wyau i wneud omlet i dri.

Peth rhyfedd, roedd ei fam yn mynd i siopa bwyd yn ddeddfol bob bore Gwener, glaw neu hindda, meddyliodd Michael wrth agor a chau'r drôr cytleri efo'i ddrws *soft close*. Gwneud negas yn y bore, a gwneud ei gwallt yn y pnawn. Dyna oedd y drefn.

'Sdim isie i chi fecso ambytu Michael a fi.'

Sylwodd Menna ar ei merch yng nghyfraith yn estyn bocsys Tupperware o garier bag a'u gosod yn un rhes ar yr wyrctop.

'Ni 'di dod â bwyd 'da ni, yn do, Michael?'

Nodiodd hwnnw ei ben. Er yn dawel bach byddai llawer rheitiach ganddo gael pei cyw iâr a chennin ei fam, efo'i *flaky pastry*, a tships cartref a phys, yn hytrach na'r holl *stir-fries* a'r salads iachus, diflas roedd o'n gorfod eu bwyta dyddiau yma. Er, wedi dweud hynny, mi roedd o wedi colli bron i hanner stôn ar ôl dim ond tair wythnos. Ond pa ryfedd a fynta ond yn byw ar ddeiliach ac iogwrts?

'Dach chi 'di ca'l peiriant golchi llestri hefyd?' meddai Michael wedyn, yr *inspection* yn amlwg yn parhau. Agorodd a chaeodd ddrws y peiriant oedd wedi cymryd ei le'n ddel wrth ochr y sinc. Gwyddai fod ei fam wedi bod blys un ers blynyddoedd.

Cofiai fel y byddai ei dad yn rhuo bob tro y byddai hi'n hintio pa mor handi fyddai cael un.

'I be t'isio peth felly? Dim ond y ni'n dau sy 'ma,' oedd yr ymateb bob tro'n ddi-ffael.

Ar ôl cwblhau busnesu yn y gegin aeth y ddau ymlaen wedyn i gael golwg ar y lolfa ar ei newydd wedd. Doedd y lluniau ar FfesTeim ddim yn gwneud cyfiawnder â'r trawsnewidiad.

Roedd y ddau, wel, Carol yn bennaf, wedi bod ar dân gwyllt i fynd draw i Benrallt i weld y mêcofyr. Ar ôl sawl wythnos o ddisgwyl gwahoddiad roedd chwilfrydedd y ddau, yn enwedig chwilfrydedd busneslyd Carol, wedi cael y gorau ohonynt a dyma benderfynu landio ym Mhenrallt heb unrhyw rybudd o fath yn y byd. Cymerodd y ddau'n gwbl ganiataol y byddai Menna adref.

'*Flying visit*. Meddwl y bysa ni'n rhoi syrpréis bach i chi,' datganodd Michael pan neidiodd ei fam bron allan o'i chroen pan gerddon nhw i mewn i'r gegin yn dalog y pnawn Sadwrn hwnnw. Cael a chael oedd hi nad y nhw'll dau a gafodd syrpréis, sef fod y drws wedi'i gloi a Menna ddim adref. Doedd 'na ddim pum munud ers iddi ddod yn ei hôl ar ôl bod ym Mangor.

'Dach chi'n licio fo?' gofynnodd Menna, 'Tydi o ddim yr un lle, nadi? Dwi wrth fy modd ista yn fyma gyda'r nos, yn sbio allan ar y môr. Dach chi'n gallu gweld y llongau yn mynd am Gaergybi.'

Ar ôl addasu'r parlwr a'r stafell fyw yn un, roedd Menna wedi gosod un o'r soffas i wynebu'r ffenest oedd yn edrych allan am y môr. Cyn cwymp y wal, talcen tŷ drws nesaf oedd ei golygfa.

'Methu dallt pam na fasach chi a Dad wedi byw yn y rŵm ffrynt. Lot brafiach na be o'dd yr hen stafell fach ganol 'na.' Safai Michael â'i ddwy law yn ei boced yn edmygu'r olygfa drwy'r ffenest.

Edmygai Carol yr olygfa hefyd. Beth fyddai gwerth Penrallt nawr tybed ar ôl i Menna wneud yr holl welliannau? Dylent gael tipyn mwy am y lle bellach. Falle doedd e ddim yn beth drwg ei bod hi wedi gwario ar y lle wedi'r cwbl, meddyliodd wedyn yn smyg i gyd.

'Wel, wyt ti am weud ein newyddion mawr wrth dy fam, 'te?' meddai hi gan wenu.

'Dwi'n mynd i fod yn nain!' ebychodd Menna wedi gwirioni'n lân. 'O, llongyfarchiadau mawr i chi!' Cofleidiodd ei merch yng nghyfraith yn dynn.

'Yyy, nag y'n,' atebodd honno fel bwled, gan ryddhau ei hun o'r goflaid. Fyddai'r ffieidd-dra yn ei llais ddim llai petai Menna wedi crybwyll bod y ddau'n aelodau o glwb *swingers*.

'Wel, nacdach siŵr, be haru fi?' meddai Menna wedyn ar ôl ystyried, gan feddwl yn uchel. 'Dach chi ddim yn bell o'r menopos ma'n siŵr.'

Anwybyddodd Carol sylw ei mam yng nghyfraith.

'Ma Carol wedi cael job newydd. *Promotion. Area manager,*' datganodd Michael efo balchder yn ei lais.

'Ond y snag yw, mae fe lan yn y gogs. Yn Llandudno,'

ategodd Carol, gan dynnu wyneb. 'Sa'i rili moyn dod lan 'ma. Ond 'na fe, chi'n goffod aberthu i gyrra'dd ble chi moyn.'

'Dan ni wedi derbyn cynnig ar tŷ ni'n barod a dan ni newydd fod yn gweld dau dŷ yng Nghonwy gynna,' rhoddodd Michael ei fraich am ysgwydd ei wraig.

'Ond o'n ni ddim yn lico nhw,' troiodd Carol ei thrwyn. 'Rhos on Sea neu Deganwy, hyd yn oed, yw'n dewis cynta ni, ond ma tai mor ddrud 'na.'

'Be amdanat ti, 'ta, Michael? Sgin ti waith i fyny yma?' holodd Menna, yn falch bod y ddau'n symud i fyw yn nes ati.

'Duwcs, ma'n nhw wastad yn chwilio am ddreifars. Fyddai'n siŵr o ga'l rwbath.'

'Ma'n edrych y byddwch chi'n symud i fyny yma yn o handi felly.'

'Ma'r banc moyn i fi ddechre *asap*. Wedyn, falle y bydd rhaid i ni rentu rhywle dros dro. Ma Gwyndaf, dy ffrind, wedi sôn bo 'da fe dŷ rent allen ni ga'l yn Mochtown, dofe, Michael?'

'Mochdre,' cywirodd Michael ei wraig. 'Felly, mi ydach chi'n mynd i weld lot mwy ohonon ni,' gwenodd wedyn ar ei fam.

'Odych chi'n mynd i ddangos lan star i ni, 'te?' gofynnodd Carol, gan esgus nad oedd hi wedi clywed sylw olaf ei gŵr. 'Chi wedi ca'l carpet newydd 'fyd,' datganodd wrth gamu i fyny'r grisiau o flaen y ddau arall, yn ysu i weld pa newidiadau oedd wedi cael eu gwneud i'r llofftydd.

'Hen bryd hefyd,' meddai Michael. 'Mi oedd yr hen un yn afiach.'

'Oedd, mi oedd o, toedd?' cytunodd Menna. 'Mi oedd y peth patrymog melyn a brown 'na wedi bod ar y grisiau ers pan oeddat ti'n hogyn bach, a chyn hynny hefyd.'

Roedd hen ystafell Michael, y stafell y byddai o a Carol yn

aros ynddi, wedi'i thrawsnewid yn llwyr. Roedd dodrefn pren golau newydd ynddi ac roedd hi wedi'i phaentio a'i phapuro mewn lilac a llwyd. Ond nid hynny a dynnodd sylw Michael na Carol, ond yr hyn a oedd ar y gwely.

'Be 'di hwn?' pwyntiodd Michael at y cês mawr glas agored a'r pentwr o ddillad wedi'u plygu'n dwt tu mewn.

'Cês, Michael.'

'Dwi'n gwybod mai cês ydi o. Ond pam dach chi angen cês?'

'Pam ma pobol angen cês fel arfer? I bacio dillad ynddo fo, 'te.' O hogyn call, mi roedd Michael yn gallu bod yn reit ddwl weithiau.

'Lle dach chi'n mynd?'

Am un foment wallgo meddyliodd Michael fod ei mam, ohoni hi ei hun, wedi penderfynu gwerthu Penrallt a symud i gartre Bryn Collen. Ond yna o gornel ei lygaid, sylwodd ar yr het a'r sbectols haul.

'Dwi'n mynd i Gran Canaria,' datganodd ei fam a gwên fawr ar ei hwyneb.

'Gran Canaria?' datganodd Michael a Carol mewn deuawd. Syllodd y ddau arni mewn anghrediniaeth. Waeth petai hi wedi dweud ei bod hi'n mynd am drip un ffordd i'r lleuad ddim.

'Pryd? Efo pwy?' saethodd Michael y cwestiynau ati.

'Ymhen pythefnos. Efo Jan.'

'Pythefnos!' ebychodd Carol. 'Chi wedi pacio'n fuan iawn.'

'O'n i ddim isio ei adael o tan y funud ola. Rhag ofn i mi anghofio rwbath.'

'Ond does gynnoch chi ddim pasbort na dim,' meddai Michael, yn dal i syllu ar y cês newydd sbon.

'Oes tad. Aeth Jan â fi i Lerpwl wsnos diwetha i nôl un.

Aeth Jan â fi rownd John Lewis a mi brynis i lwyth o ddillad newydd yno a mi fuon ni am *Italians* bach neis i ginio tra roedden ni'n disgwyl.'

'Am faint chi'n bwriadu mynd? Mis?' holodd Carol wedyn wrth weld y pentwr dillad yn y cês a rhai wedi'u gwasgaru ar y gwely hefyd.

'Dim ond am wsnos bach.'

'Chi'n siŵr bo chi wedi pacio digon?' holodd Carol yn goeglyd.

'Be? Dach chi'n meddwl mod i angen mwy?' Disgynnodd gwep ei mam yng nghyfraith. 'Well mynd â gormod, rhag ofn.'

'Rhag ofn be, dwch?'

Roedd Michael yn methu credu bod ei fam yn bwriadu mynd dramor ar ei gwyliau a hithau erioed wedi bod ymhellach nag Eastbourne. Roedd perchennog cwmni bysus lleol wedi cynnig trip twrci a thinsel am ddim i Glyn, er mwyn esmwytho'r ffordd ar gyfer ennill tendr y bysys ysgol, ac felly, ffeindiodd Menna ei hun yn Eastbourne am bum diwrnod. Tre ddigon difyr yn yr haf efallai, ond diflas ar y naw yng nghefn gaeaf, yn y gwynt a'r glaw. Yn anffodus iawn hefyd, ffeindiwyd mai un gwael am deithio oedd Glyn. Teimlodd yn sâl yr holl ffordd yno a'r holl ffordd adra. Chlywyd ddim sôn am drip ar unrhyw fws wedyn.

'Wel, dwn i'm. Rhag ofn, 'te.' Pwyntiodd Menna i gyfeiriad y cês. 'Fedri di ei symud o oddi ar y gwely plis, Michael.'

Bustachodd Michael i'w shifftio, gan bron iawn dorri ei lengid yr un pryd.

Cychwynnodd Menna o'r stafell, yna trodd yn ei hôl yn sydyn. 'W, ia, ella bod chi'n gwybod, mi ydach chi'ch dau wedi hen arfer fflio, do?'

'Gwybod be?' holodd Michael, gan rwbio'i gefn ar ôl y straen o symud y cês.

'Jan o'dd yn sôn ei bod hi'n aelod o ryw glwb. Dach chi'n aelodau tybed?'

'Pa glwb?'

'Rhyw *mile-high club* neu rwbath? Clwb be'n union ydi o? A sut ma rhywun yn ymuno, dwch?'

Aerodeinamics

Estynnodd Hywel y ddau gês allan o fŵt ei gar. Yna pwyntiodd ei fys yn bryfoclyd yn wyneb Jan a Menna. 'Joiwch ond bihafiwch.'

'O, dan ni'n siŵr o neud y cynta ond dan ni'n gaddo dim efo'r ail, nadan, Menna?' Coflcidiodd Jan ei brawd yn dynn.

'Wanwl, ma'r lle 'ma'n anferth!' ebychodd Menna, gan syllu ar adeiladau modern y terminal o'i blaen. O fan hyn roedd rhywun yn gallu teithio i rywle yn y byd bron, meddyliodd. Rhoddodd ei bol dro wrth iddi weld yr awyrennau uwch ei phen. Doedd hi ddim wedi cysgu'n rhy dda'r noson cynt, cyfuniad o ecseitment a joch go dda o ofn. Tsheciodd am y chweched tro bod ei phasbort, a'i hewros, yn ei bag.

'Tyrd, Menna, ma gynnon ni eroplen i'w dal. Hwyl, Hyw, welwn ni chdi ymhen wsnos.' Brasgamodd Jan i gyfeiriad drws efo arwydd mawr *departures* arno. Gafaelodd Menna yn handlen ei chês hithau a dilyn ei ffrind.

Ymhen dim roedd Jan wedi ffeindio'r ddesg *check in*. Wedi tshecio eu tocynnau a'u pasbort, gofynnodd y ferch tu ôl i'r ddesg iddynt roi eu cesys ar y belt i gael eu pwyso. Dyna pryd aeth pethau'n flêr.

'How much?' ebychodd Jan wrth y ferch. Roedd cês Menna bedwar cilo a mwy drosodd ac mi roedd hi'n mynd i gostio bron i saith deg punt yn ychwanegol iddi.

'We'll be right back,' gwenodd Jan yn glên ar y ferch. 'Tyrd,' meddai hi wedyn, gan wgu ar Menna ac anwybyddu'r rhuban o giw y tu ôl iddynt. Martsiodd i gyfeiriad y tŷ bach a Menna ar ei chynffon yn trio ei gorau i ddal i fyny.

'Be uffar sgin ti yn y cês 'na?' gofynnodd i Menna a phwyntio tuag at yr horwth.

'Dim ond dillad.'

'O'dd ddim isio i chdi ddŵad â dy wardrob i gyd efo chdi, sdi. Reit, agora fo.'

Gwnaeth Menna fel roedd Jan yn ei ofyn yn ufudd.

'Be uffar ydi hon?' Chwifiai Jan siaced *check* wlân uwch ei phen.

'Rhag ofn y bydda i'n oer gyda'r nos.'

Rowliodd Jan ei llygaid. 'Faint o dopiau a ffrogiau wyt ti wedi'i ddŵad efo chdi? Hwda.' Lluchiodd un o dopiau blodeuog Menna ati. 'Gwisga hwnna a'r siaced 'na.'

'Be ti'n feddwl ti'n neud?' gofynnodd Menna'n syn wrth weld Jan yn straffaglu i wisgo un o'i blowsys hi amdani.

'Sut uffar arall wyt ti am osgoi talu'r *baggage fee*, mmm?' Lluchiodd ddau neu dri o drowsusa linen tuag at Menna. 'A gwisga rheina.'

'Chawn ni byth get awê efo hi!'

'T'isio bet?'

Pan aeth y ddwy yn ôl i'r ddesg *check in*, gwisgai Jan dair blows (heb eu cau) a dwy gardigan (heb eu cau) o dan ei thop linen llac hi ei hun. Ymdebygai Menna, ar y llaw arall, i'r dyn Michelin. Teimlai'n hynod o hunanymwybodol heb sôn am deimlo'n boeth, yn gwisgo tri phâr o drowsus, dwy ffrog, dwy gardigan a'r siaced wlân. Roedd cês Menna yn dal un cilo drosodd.

'Blydi hel, Menna!' ebychodd Jan, gan roi arwydd arni i ailagor y cês. Chwalodd Jan eilwaith yn yr horwth a stwffio topiau a dillad isaf Menna i'w *holdall* blodeuog yn wyllt.

Ar ôl tair ymgais o dynnu a stwffio dillad a thrugareddau i fagiau'r ddwy, llwyddwyd i gael y cês o fewn y pwysau nodedig a chafodd ddilyn cês bach Jan ar ei daith. Gwgodd y ferch tu ôl i'r ddesg ar y ddwy wrth basio eu cardiau bordio iddynt. Edrychodd yn amheus arnynt, yn enwedig ar Menna oedd wedi pacio fel nionyn ac yn chwysu chwartiau. Gwenodd Jan yn ôl arni'n ffals. 'Tydi o'n costio dim i wenu, sdi, yr hwch sych,' datganodd wrthi cyn troi ar ei sawdl a'i hanelu hi am *departures*.

Ar ôl helynt tshecio'r cesys i mewn, aeth y ddwy drwy seciwriti yn weddol ddidrafferth. Diolch i'r drefn, doedd hi ddim yn gyfnod gwyliau'r ysgol felly doedd hi ddim yn rhy brysur. Roedd Jan wedi rhybuddio Menna o flaen llaw iddi estyn ei ffôn symudol, ei iPad ac ati o'i bag a'u rhoi yn y tre, ac iddi roi ei lipstic a'i phowdr yn y bag plastig bach. Ond sbiodd Menna arni'n od pan ddwedodd Jan wrthi am dynnu ei sandalau.

'I be?'

'Jyst tyn nhw.'

'Ond sbia mewn difri ar y llawr 'ma! Yli budur ydi o! Mi fydd ein traed ni'n ddu.'

'Jyst rho nhw yn y tre 'na, wir Dduw. Neu yma fyddwn ni!' hisiodd Jan yn ôl arni.

Ufuddhaodd Menna. O'r diwedd cyrhaeddodd y ddwy'r *departure lounge*.

Syllodd Menna o'i chwmpas yn gegagored.

'Yli handi,' ebychodd. 'Mae 'na Boots a W H Smith 'ma. Duwcs, ma 'na Next hefyd!'

'Tyrd yn dy flaen,' meddai Jan gan anwybyddu'r siopau a'r *duty free* a'i nelu hi'n syth i'r bar. Ordrodd ddau jin a tonic mawr i'r ddwy.

'Ond dim ond chwarter i un ar ddeg ydi hi!' ebychodd Menna oedd wedi rhoi ei bryd ar baned bach o de.

'Ia?'

'Tydi hi ddim braidd yn fuan, dwa?'

'Tydi hi byth rhy fuan, dallt. Duwcs, relacsia wir Dduw, ti ar dy holides, ddynas.'

Ufuddhaodd Menna unwaith yn rhagor.

Ar ôl jinsan bach arall roedd Menna wedi relacsio ddigon del. Eisteddodd yn ei hôl yn ei chadair yn syllu drwy'r ffenest, gan ryfeddu ar y peiriannau hedfan mawr y tu allan.

'Sut andros ma rheina'n codi a fflio, dwa?'

'Aerodeinamics.'

'Aerodeinamics?' gofynnodd Menna'n syn.

'Ia, *aerodynamics*. Mae o i gyd i neud efo'r adenydd, ti'n gweld. Ma'r adenydd yn rhannu'r aer wrth iddo fynd drostyn nhw. Mae siâp yr aden yn golygu bod yr aer o dan yr aden yn creu mwy o breshyr at i fyny sy'n gwthio'r eroplen i fyny i'r awyr pan ma hi'n mynd ddigon cyflym,' atebodd Jan yn wybodus, gan sipian ei jin.

'Sut wyt ti'n gwybod hyn i gyd?' gofynnodd Menna o gofio nad oedd gwyddoniaeth yn un o bynciau cryfa Jan yn yr ysgol.

'O'n i'n arfer mynd allan efo'r boi ma o'dd yn fflio jets. Un noson, wnaeth o esbonio i mi sut yn union ma eroplens yn fflio. "The four forces of flight are lift, weight, thrust and drag," medda fo wrth i ni fyta wystrys ac yfed siampên. Ew, noson dda o'dd honno, os dwi'n cofio,' meddai Jan a rhyw wên fach ddireidus ar ei hwyneb.

'Ww, mi wyt ti wedi f'atgoffa i, ydan ni am fynd i glwb y *mile-high*? Lle mae o dwa? Wela'i ddim arwydd yn nunlla 'ma.'

Bu ond y dim i Jan ddisgyn oddi ar ei chadair.

'Wyt ti dal yn aelod?' holodd Menna wedyn.

Chwarddodd Jan dros y lle. Chwerthin nes yr oedd hi'n wan. Chwerthin nes roedd dagrau'n powlio i lawr ei hwyneb.

'Be sy mor ddoniol?' gofynnodd Menna'n syn.

'Y chdi,' chwarddodd Jan pan lwyddodd i ddod ati ei hun fymryn. Ond dechreuodd biffian chwerthin eto.

'Be sy? Be dwi wedi'i ddeud? Rho gora i chwerthin… Jan…'

Ond roedd hynny ond yn gwneud i Jan chwerthin hyd yn oed yn waeth.

'Be ydi'r clwb 'ma, 'lly? Deud…'

Ymhen hir a hwyr, llwyddodd Jan i stopio chwerthin. 'O, mam fach, be dwi'n mynd i neud efo chdi?' Sychodd ei dagrau. '*Mile-high club* ydi enw arall am gael secs ar eroplen.'

Bu ond y dim i Menna dagu ar ei jin.

'Rioed! O, mam bach.' Rhoddodd ei llaw ar ei cheg. 'O, na… Dim rhyfedd fod Michael a Carol wedi sbio'n od arna i pan 'nes i ofyn os oedden nhw'n aelodau.'

Trodd pennau pawb yn y bar i syllu ar y ddwy oedd yn chwerthin a giglan yn uchel. Ffromodd un dyn arnynt, a chododd Jan ddau fys arno'n ôl. Mwmiodd un arall o dan ei wynt, 'Cywilydd, meddwi yn eu hoed nhw. Dylen nhw wybod yn well.'

Gwenodd ambell un arall, a throdd un ferch at ei ffrind a dweud, 'Cesys. Fel'na dwi isio bod pan fydda i'n hen.'

Fatha Reidio Beic

ROEDD HI'N GANOL pnawn erbyn iddynt gyrraedd y gwesty. Dadbaciodd y ddwy'n sydyn (cymerodd Jan hanner yr amser a hanner y gofod yn y drôrs a'r wardrob o gymharu â Menna). Ar ôl rhywbeth bach i'w fwyta, mynnodd Jan eu bod yn cael coctel bach yn y bar.

'Be gymri di, Menna? Sex On The Beach? 'Ta ydi'n well gin ti ga'l Long Slow Comfortable Screw Against The Wall?' chwarddodd Jan.

Fyddai wedi bod lawer iawn rheitiach gan Menna gael paned o de. Ar ôl yr holl deithio, roedd hi wedi ymlâdd, a hithau heb gysgu'n dda y noson cynt.

'*Two Negronis please,*' meddai Jan yn llon wrth y wetyr.

''Nei di licio hwn,' meddai wedyn, gan wneud ei hun yn gyffforddus ar y soffa yn y lolfa. 'Dwi'n cofio fi'n mynd allan efo'r barman 'ma oedd wedi gweithio yn y Carousel Bar yng ngwesty Monteleone yn New Orleans, o'dd o'n giamstar am neud coctels. Ac yn y gwely, os dwi'n cofio'n iawn.'

Edrychodd Menna o'i chwmpas. Allai ddim credu ei bod hi yno. Yn Gran Canaria o bob man. Be fyddai Glyn yn ei ddweud? Mae'n siŵr ei fod o'n troi yn ei fedd y funud honno, meddyliodd. Dechreuodd chwerthin wrthi hi ei hun wrth feddwl am Glyn yn chwyrlïo yn ei focs bach pren o dan chwe troedfedd o bridd.

'Pam ti'n gwenu?' gofynnodd Jan.

'Be?

'Pam ti'n gwenu efo chdi dy hun?'

'Diolch am ofyn i mi ddŵad efo chdi yma.'

'Diolch am ddŵad, neu fel arall 'swn i wedi gorfod dŵad ar fy mhen fy hun.'

'Fedra'i ddim coelio mod i yma, mewn gwlad arall. O'n i wastad yn genfigennus yn clywed am bobol eraill yn cael mynd ar eu gwylia dramor. Fyswn i wedi bod wrth fy modd teithio a gweld ychydig o'r hen fyd 'ma.'

'Ofn fflio o'dd Glyn?'

'Ia dwi'n meddwl, er fysa fo byth yn cyfadde hynny, cofia. Ac ofn gwario. Rhy gynnil.'

'Chei di ddim mynd â fo efo chdi. Waeth i ti wario'r blydi lot ddim,' meddai Jan, gan arwyddo am y diodydd.

'Wanwl! Ma hwn yn gry!' Crychodd Menna ei thrwyn a chaeodd ei llygaid.

'Yfa fo, ogan, roith o flew ar dy frest di,' chwarddodd Jan. Cododd ei gwydr. 'I wylia ffan blydi tastig!'

Clinciodd wydr Menna.

'I wyliau ffan blydi tastig,' adleisiodd honno, gan wenu.

Sŵn chwyrnu Jan ddeffrodd hi.

Estynnodd am ei ffôn wrth ochr y gwely, roedd hi newydd droi wyth o'r gloch. Darllenodd y tecst roedd hi wedi'i gael gan Michael yn dweud wrthi am fwynhau ei hun. Roedd Menna wedi anfon neges ato yn syth bin ar ôl glanio ddoe i adael iddo wybod eu bod wedi cyrraedd yn saff. Y bore wedyn roedd o wedi ei thecstio hi'n ôl.

Cododd o'i gwely ac agorodd y llenni. Allai hi ddim credu'r olygfa o'i blaen. Roedd hi'n grediniol ei bod wedi marw a mynd i'r nefoedd. Fan hyn yn wir oedd paradwys. Datglôdd ddrws y patio a'i sleidio fymryn yn agored, digon o le iddi allu camu allan ar y balconi. Roedd y gwesty reit o flaen y traeth a'u stafell yn wynebu'r môr. Gallai Menna glywed sŵn y tonnau'n lapian yn dawel. Welodd hi erioed y môr cyn lased. Edrychodd i lawr ar y pwll nofio a'r ardd hefo'i choed palmwydd a'i blodau egsotig. Sylwodd ar gwpl, gŵr a gwraig, yn eu chwedegau, tybiodd Menna, yn cerdded law yn llaw ar hyd llwybr y traeth, y ddau'n mynd am dro cyn brecwast mae'n debyg. Ochneidiodd a daeth lwmp i'w gwddw. Daeth teimlad o eiddigedd mawr drosti. Mor braf ar y ddau meddyliodd. Mor braf oedd cael rhannu eich bywyd efo enaid hoff cytûn. Rhywbeth na wyddai hi ddim amdano'n anffodus.

'Cua'r blydi cyrtens 'na!' daeth gwaedd o'r gwely. 'Ma rhai ohonon ni'n trio cysgu'n fyma!'

Camodd Menna yn ôl i mewn i'r stafell a chaeodd y drws a'r llenni ar ei hôl.

'Ti am godi?' gofynnodd i'r corff o dan y gynfas.

'Faint o'r gloch ydi hi?'

'Newydd droi wyth,' atebodd Menna, gan agor a chau drôrs wrth estyn siorts a chrys T i'w gwisgo.

'Faint?' Ymddangosodd pen dros y gynfas.

'Newydd droi wyth,' atebodd Menna ar ei ffordd i'r ystafell folchi am gawod.

Griddfanodd Jan. 'Tyrd yn ôl i dy wely, wir Dduw. Ma hi lot rhy gynnar i godi.' Rhoddodd ei phen yn ôl o dan y gynfas.

Deryn nos oedd Jan. Wastad ar ei thraed tan berfeddion ac felly wastad yn codi'n hwyr.

'Ti ddim yn bwriadu aros yn fana a hithau mor braf allan?' triodd Menna wedyn.

'Ma hi'n braf yn fyma, 'fyd, a phaid â gneud gymaint o sŵn, 'nei di.'

Roedd hi'n amlwg nad oedd yna symud ar mei leidi.

Ochneidiodd Menna, aeth am gawod a gwisgo amdani. Newidiodd ei thop a'i siorts dair gwaith yn methu penderfynu pa rai i'w gwisgo. Yn y diwedd penderfynodd ar ffrog gotwm las olau. Byddai honno'n brafiach yn y gwres na ryw hen siorts. Bu'n eistedd allan ar y balconi wedyn yn darllen am sbel. Doedd dal ddim symudiad o'r gwely. Dim ond ambell chwyrniad bach bob hyn a hyn. Dechreuodd bol Menna rymblian. Roedd hi eisiau bwyd. Roedd hi bellach wedi naw ac, fel arfer, byddai Menna wedi hen orffen bwyta ei brecwast o Bran Fflecs, banana, gwydriad bach o sudd oren a phaned o goffi.

Stwffia hyn, meddyliodd. Doedd hi ddim wedi hedfan i wlad boeth i eistedd ar falconi yn gwylio'r byd a'i betha'n pasio heibio. A ph'run bynnag, roedd hi ar lwgu.

'Dwi am fynd i lawr am frecwast, 'ta,' meddai Menna, yn gobeithio y byddai hynny'n sbardun i Jan godi ac y byddai'n gofyn iddi aros amdani.

Ond yr ymateb a gafodd hi o'r cae sgwâr oedd: 'Dos i fachu dau wely haul i ni ar dy ffordd, neu mi fydd y gwlâu gorau i gyd wedi mynd. Dan ni ddim wedi dŵad yma i orweddian yn y cysgod drwy'r dydd.'

'Rwbath arall i'r cwîn?' gofynnodd i'r corff o dan y gynfas. Stwffiodd ddau dywel glas ar gyfer y pwll i mewn i'w bag gan ychwanegu ei llyfr, ffôn, pwrs ac eli haul.

'Tyrd â dau *croissant* ac ychydig o ffrwythau. Wnân nhw frecwast i mi yn hwyrach ymlaen. Ond paid â dŵad â grêps os oes 'na pips ynddyn nhw.'

Fel roedd Menna'n diflannu drwy'r drws daeth gwaedd grug arall o'r gwely, 'Cofia roi'r arwydd *do not disturb* ar y drws!'

Cododd Menna gantel ei het er mwyn cael golwg iawn ar yr olygfa o'i blaen. Doedd hi ddim yn brysur iawn ar y traeth y bore hwnnw, roedd pawb wedi dewis crasu o flaen y pwll yn amlwg. Synnodd Menna pan ffeindiodd hi bod pob gwely haul wrth y pwll wedi'i orchuddio â thywel neu gorff. Doedd dim dewis felly ond mynd i lawr i'r traeth. Yn ffodus, llygadodd Menna ddau wely noeth ynghanol y rhai glas yn y rhes flaen ac anelodd am rheini. Roedd hi dipyn brafiach fan hyn nag o gwmpas y pwll prysur, beth bynnag. Chwythai awel ysgafn a doedd pawb ddim ar bennau'i gilydd. Tecstiodd Jan i ddweud lle roedd hi a'i bod wedi cael dau *croissant*, afal a banana iddi, ond dim grêps.

Pan gerddodd hi mewn i'r ystafell fwyta ar ei phen ei hun, teimlai Menna'n hynod o hunanymwybodol. Cyplau neu deuluoedd oedd yn eistedd wrth y byrddau i gyd. Damiodd Jan o dan ei gwynt am fod mor ddiog. Damiodd ei bod yn gorfod bwyta ei brecwast yn ddigwmni. Gwenodd y ferch wrth y drws arni wrth holi am rif ei stafell. Gofynnodd wedyn ai bwrdd y tu mewn neu du allan roedd Menna'n dymuno ei gael. Aeth Menna am yr ail ddewis, ddim pob dydd roedd rhywun yn gallu bwyta ei frecwast y tu allan yn yr haul. Ar ôl ordro coffi aeth i nôl ei brecwast. Bobol bach, roedd 'na ormod o ddewis. Penderfynodd fynd am iogwrt a ffrwythau, ac wedyn wyau wedi'u sgramblo ac eog mwg efo gwydriad bach o Cava i olchi'r cwbl lawr – wel, pam lai? Mi roedd hi ar ei gwyliau.

Wrth fwynhau ei brecwast, dechreuodd Menna ymlacio, pa wahaniaeth oedd hi ei bod hi'n bwyta ar ei phen ei hun? A dweud y gwir, roedd rhywbeth reit braf ynddo. Ers marwolaeth Glyn roedd Menna'n mwynhau ei chwmni ei hun, y llonyddwch i wneud yn union be oedd hi eisiau ei wneud. Ond eto, sylwodd ar y cwpl a welodd hi'n gynharach yn bwyta eu brecwast wrth fwrdd cyfagos, y fo'n tollti coffi i'r ddau, hithau'n plicio banana a'i thorri'n ei hanner a phasio un hanner iddo fo. Y ddau'n dallt ei gilydd i'r dim. Mor braf oedd hi arnyn nhw, meddyliodd. Afaelodd Glyn erioed yn ei llaw hi, rannodd Glyn erioed ffrwyth efo hi, chynigiodd o erioed hyd yn oed gewin o'i oren iddi. Edrychodd i ffwrdd oddi wrth y ddau. Cododd o'i sedd ac aeth i nôl *croissants* i Jan cyn iddi anghofio.

Dotiodd Menna ar yr olygfa o'i blaen. Methai gredu pa mor wyrdd las oedd lliw y môr. Roedd rhywbeth bron yn hypnotig yn sŵn tawel y tonnau'n lapio'n hamddenol ar y traeth. Daeth gwên fach foddhaus ar ei hwyneb. Petai rhywun wedi dweud wrthi chwe mis yn ôl y byddai hi'n gorwedd ar wely haul mewn gwlad dramor, mi fyddai hi wedi chwerthin am eu pennau. Rhyfedd fel mae bywyd rhywun yn gallu newid yn gyfan gwbl mewn ychydig fisoedd.

Gwnaeth ei hun yn gyfforddus ar y gwely. Rhwbiodd eli haul i mewn i'w chroen a setlodd i ddarllen ei llyfr. Cofiodd iddi unwaith fanteisio ar un o'r ychydig ddiwrnodau heulog braf a gafwyd y flwyddyn honno yng Nghymru fach i eistedd yn yr ardd i ddarllen. Ond tarfwyd ar ei llonyddwch a'i mwynhad pan gyrhaeddodd Glyn adre ar ôl bod mewn rhyw gyfarfod yn y Cyngor.

'Be uffar ti'n feddwl ti'n neud yn fanna yn gwastraffu amser yn darllen nofals?' cegodd yn hyll. 'Sgin ti ddim byd gwell i neud? Pryd fydd swpar yn barod?'

Er iddo gladdu platiad o bei stêc, tships a phys a theisen afal a chwstard yng nghantîn y Cyngor amser cinio, roedd Glyn ar ei gythlwng. Roedd Menna'n amau weithiau bod ganddo lyngyr. Roedd o wastad ar lwgu. Ond doedd ond rhaid edrych ei led i weld mai barus oedd Glyn.

'O'n i'n meddwl y bysa salad ham yn neis heno, a hithau mor braf,' atebodd Menna. Roedd hi wedi ymgolli gymaint yn ei llyfr fel na chlywodd Jaguar Glyn yn landio adra. Damiodd ei hun yn dawel. Petai hi wedi clywed sŵn y car byddai hi wedi codi a mynd i mewn i'r tŷ o'i flaen.

'Salad? Salad?' poerodd Glyn. 'Ti'n galw ychydig o ddeiliach ar blât yn swpar? A ti'n gwybod yn iawn nad oes dda gen i giwcymbr! Gna fwyd iawn i mi, ddynas.'

Cadwodd Menna ei llyfr a chododd o'i chadair. Sleifiodd i'r gegin i blicio tatws a dadmer porc *chop* i ddyn y tŷ.

Er mai dim ond deg o'r gloch oedd hi, roedd yr haul yn gry, ac ar ôl ei brecwast bendigedig teimlai Menna yn reit swrth. Caeodd ei llygaid ac ymhen dim o dro, cysgodd.

'Well i ti roi mwy o eli haul. Ti'n dechrau llosgi.'

Deffrodd Menna, uwch ei phen safai Jan â dysgl lloeren o het wellt ar ei phen. Amdani gwisgai gafftan amryliw blodeuog, pâr o fflip-fflops aur am ei thraed. I gwblhau'r *ensemble* roedd ganddi bâr o sbectols haul mawr a oedd yn gorchuddio hanner ei hwyneb. Edrychai Jan fel rhyw dderyn prin egsotig o gymharu â Menna yn ei ffrog gotwm las blaen.

'Gest di frecwast i mi?' holodd Jan, gan eistedd ar y gwely gwag wrth ei hochr.

Estynnodd Menna'r *croissants* o'i bag a'u pasio i Jan.

Diolchodd honno cyn dechrau sglaffio'r ddau. Methai Menna â deall sut roedd Jan mor denau, ond fel yna roedd hi wedi bod erioed. Fel styllen. Yn yr ysgol erstalwm roedd y ddwy'n ymdebygu i bolion lein a pheg.

Estynnodd Menna ei heli haul o'i bag a dechrau rhwbio mwy o'r hufen ar ei choesau.

'Pa ffactor ydi hwnna?' holodd Jan, gan wneud ei hun yn gyfforddus ar y gwely haul.

'Tri deg.'

'Gwd.'

'Wyt ti isio peth?'

'Arglwy' nagos,' atebodd Jan, yn estyn i'w bag am ei photel eli haul hithau. Cafodd Menna wafft hegar o aroglau coconyt i'w ffroenau wrth i Jan blastro rhyw oel seimllyd ar ei choesau a'i breichiau. Sylwodd ei fod yn dweud ffactor dau ar y botel.

Rêl Jan, meddyliodd Menna. Roedd hi wastad wedi addoli'r haul. Cofiai fel y byddai wrth ei bodd yn torheulo ac yn rhwbio Johnson's Baby Oil, neu hyd yn oed olew coginio ar hyd ei breichiau a'i choesau, pan oedden nhw'n fengach. Bob diwrnod heulog poeth yn ystod gwyliau'r ysgol, bydden nhw'n reidio'u beics i lan y môr ym Mhorth Swtan ac yno fyddai'r ddwy tan iddi ddechrau tywyllu a nhwythau'n dechrau oeri. Cofiai Menna un tro, iddyn nhw nofio yn y môr a hithau'n goleuo mellt, a'i thad a'i mam wedi rhoi cerydd iawn iddi wedi iddi gyrraedd adref, am fod mor anghyfrifol. Doedd Jan a Menna ddim wedi ystyried y perygl o gwbl, dim ond wedi dotio ar y fflachiadau uwchben.

'Dwi ffansi mynd i mewn i'r dŵr. Mae o'n edrych mor braf. W't ti am ddŵad?' gofynnodd Menna, gan eistedd i fyny. Roedd hi'n boeth a byddai'n braf teimlo'r dŵr claear ar ei chorff.

'Ddim ar stumog lawn. Dos di i nofio.'

'Nofio? Golchi 'nhraed o'n i'n ei feddwl. Dwi ddim yn mynd i nofio, siŵr.'

'Pam ddim?

'Dwi ddim wedi nofio ers blynyddoedd! Fedra i ddim.'

'Medri, siŵr Dduw!

'Na fedra. Ma 'na dros bedwar deg mlynedd – os nad mwy – ers pan fues i'n nofio ddiwetha. Dwi ddim yn medru bellach.'

'Pam ddim? Mae o fatha reidio beic, tydi? Unwaith ti wedi dysgu dwyt ti byth yn anghofio.'

'Paid â siarad yn wirion.' Gwisgodd Menna ei fflip-fflops i gerdded yr ychydig gamau at y dŵr. Gwyddai fod y tywod yn chwilboeth ar ôl iddi weld un neu ddau annoeth yn hopian yn droednoeth dros y tywod.

Camodd i mewn i'r dŵr yn araf ofalus. Roedd hi wedi disgwyl iddo fod yn oerach, ond a hithau'n ganol mis Hydref roedd y môr yn gynnes braf. Cerddodd yn ei blaen nes roedd y dŵr yn cyrraedd ei chluniau. Nofio wir! Be haru Jan? Roedd y dyddiau hynny wedi hen basio. Ers blynyddoedd lawer. Doedd hi ddim yn gallu bellach. Twt lol, roedd hi lot, lot rhy hen.

Cerddodd yn ei blaen nes i'r dŵr gyrraedd ei wast. Trodd o'i chwmpas i wynebu'r gwesty. Yn y pellter gallai weld Jan ar y gwely haul. Cysgu eto mwn, meddyliodd Menna. Rhoddodd ei dwylo yn y dŵr claear.

Dim ond gadael ei hun i fynd oedd angen iddi wneud. Pwyso ei chorff ymlaen a rhoi ei hysgwyddau o dan y dŵr. Ond roedd arni ofn. Allai hi ddim. Dwi'n rhy hen, yr hen hulpan wirion... Fedra i ddim... Tyrd allan o'r dŵr 'ma rŵan....

'*Tyrd allan o'r dŵr 'na rŵan!*'

Adlais o lais ei thad i'w glywed yn ei phen. Roedd hi'n bymtheg oed unwaith eto, a hithau wedi bod yn treulio'r pnawn ar y traeth yn nofio efo Jan. A hithau'n ddiwrnod crasboeth o haf, gwyddai Henry Roberts lle fyddai ei ferch ac, ar y ffordd adre o'i waith, roedd wedi galw heibio'r traeth i roi lifft iddi.

'Tyrd allan o'r dŵr 'na!' gwaeddodd arni, gan wneud arwydd efo'i fraich.

Ymhen hir a hwyr daeth Menna allan.

'Ti fatha sgodyn, wir,' gwenodd ei thad arni wrth i'r ddau gerdded i gyfeiriad y car. 'Menna, fy môr-forwyn fach i.'

'Fy môr-forwyn fach i. Ti fatha sgodyn.' Clywodd lais ei thad yn adleisio yn ei phen.

Roedd Menna'n bymtheg oed unwaith eto. Heb feddwl dwywaith gollyngodd ei hysgwyddau o dan y dŵr a gadawodd ei hun i fynd. Symudodd ei choesau a'i breichiau ac, ar ôl yr holl flynyddoedd, roedd ei chorff yn cofio'n union beth oedd angen iddo ei wneud. Roedd hi'n nofio! Oedd, mi roedd o'n union fel reidio beic, meddyliodd. O, am braf oedd teimlo'n ysgafn a... gadawodd i'w breichiau a'i choesau symud yn reddfol. Roedd y dŵr a hithau mewn rhythm. Roeddynt yn dal i ddeall ei gilydd. Roedd y dŵr yn ei chynnal. Ar ôl yr holl flynyddoedd gallai ddal i ddibynnu ar y dŵr i'w dal hi i fyny. Cryfhaodd ei strôc a chiciodd Menna'n galetach. Nofiodd ychydig o lapiau i fyny ac i lawr ymyl y traeth. A hithau allan o wynt braidd, stopiodd a gorweddodd yn ei hôl gan adael i'r dŵr ei dal. Teimlodd fel petai wedi dod adref. Teimlai fel yr hen Fenna eto. Y Menna cyn iddi foddi yn ei bywyd efo Glyn. Penderfynodd ei bod hi am ddechrau nofio eto ar ôl mynd adre.

Ymhen sbel, cododd ar ei thraed a dechreuodd gerdded yn ôl yn hamddenol i'r lan. Stopiodd am ennyd, gan edrych i lawr ar ei modrwy briodas. Roedd y môr claear wedi'i llacio ar ei bys rywfaint. Trodd hi o gwmpas, yna tynnodd ar y fodrwy. Daeth i ffwrdd yn ddidrafferth i feddwl sawl blwyddyn y bu yno. Gwasgodd y pishyn aur yn dynn yng nghledr ei llaw. Yna agorodd ei llaw a gollwng y fodrwy i'r dŵr. Diflannodd i'r tywod o dan ei thraed.

Pan gyrhaeddodd Menna yn ei hôl at y gwely haul, roedd Jan yn eistedd i fyny yn amlwg wedi bod yn gwylio Menna'n nofio. 'Ddeudes i ei fod o fatha reidio beic, do?' meddai a gwên fawr lydan ar ei hwyneb.

Gwenodd Menna'n ôl. 'Oes raid i ti fod yn iawn bob tro?'

Yr un fu'r drefn weddill y gwyliau a dweud y gwir. Menna'n deffro, disgwyl i Jan ddeffro. O sylweddoli nad oedd hynny'n debygol o ddigwydd, byddai Menna'n codi, cael cawod a gwisgo amdani. Byddai'n darllen ar y balconi am sbel wrth ddisgwyl i Jan ddeffro a chodi. O sylweddoli nad oedd hynny am ddigwydd byddai Menna'n mynd i lawr i fachu dau wely haul a mynd am frecwast ar ei phen ei hun, gan gofio dod â dau *croissant*, afal a banana i Jan. Roedd hi wedi pasio un ar ddeg yn bell ar honno'n glanio ac yn anrhydeddu Menna â'i phresenoldeb. Methai Menna â deall pan fod Jan angen cymaint o gwsg chwaith. Doedd hi ddim fel petai'r ddwy'n cael nosweithiau hwyr ac ar eu traed tan berfeddion. Ar wahân i'r noson gyntaf honno, roedden nhw wedi bod yn mynd i glwydo reit handi. Doedd y ddwy'n gwneud fawr ddim yn ystod y dydd chwaith, dim ond darllen a diogi ar y traeth neu'r pwll, dibynnu lle roedd 'na wlâu ar gael. Cyn dod ar y gwyliau roedd Menna wedi bod dan yr argraff y byddai'r ddwy'n mynd am dripiau i weld hyn a'r llall. Ond roedd Jan yn fwy na bodlon yn gorweddian yn yr haul drwy'r dydd.

Cafodd dipyn o syndod felly, pan ddeffrodd hi i'w diwrnod olaf llawn i sŵn Jan yn morio canu yn y gawod.

'Cod, ma pobol yn marw yn eu gwlâu, sdi,' gorchmynnodd honno pan ddaeth Menna drwodd o'r stafell ymolchi. 'On i'n meddwl y bysa ni'n mynd efo cwch i Puerto de Mogán bora 'ma. Ma hi'n ddiwrnod marchnad yna heddiw.'

Ar ôl taith hanner awr ar y cwch o Puerto Rico, cyrhaeddodd y ddwy bentref bach deniadol Puerto de Mogán. Mwynhaodd Menna gerdded o gwmpas y gwahanol stondinau yn y farchnad brysur oedd yn gwerthu pob mathau o bethau, o waith llaw, planhigion, blodau, gemwaith, dillad, esgidiau a lledr i fwydiach. Doedd farchnad Llangefni ddim ynddi! Prynodd Menna liain bwrdd yn anrheg i Michael a Carol.

'Ti'n siŵr fod gen ti le yn dy gês?' tynnodd Jan ei choes.

'W't ti ffansi rywbeth?' holodd Menna.

'Na, dwi'n iawn diolch. Tyrd, awn ni chwilio am ginio.'

Ymlwybrodd y ddwy'n hamddenol yn ôl i gyfeiriad yr harbwr drwy'r strydoedd culion. Stopiodd Menna bob hyn a hyn i dynnu lluniau'r adeiladau gwyn oedd wedi'u gorchuddio â bougainvillea a'r pontydd bychain oedd yn cysylltu'r camlesi bach cul.

'Ma'i fatha Fenis 'ma,' ebychodd.

'Nachdi, ma hi'n drewi'n fanno, yn enwedig yn yr ha. Dwi'n cofio pan es i yna efo Silvio, mi o'dd 'na oglau sewar diawledig.'

'Silvio?'

'Ryw Italian fues i'n fudur garu efo fo am sbel. Silvio Berlusconi. Dwi'n siŵr aeth o i neud rwbath efo politics ar ôl i ni wahanu. Ta waeth, mi aeth o â fi am wicendan – dyrtan, 'lly – i Fenis unwaith. A dyrtan o'dd hi hefyd, ymhob ystyr o'r gair.'

Stopiodd Jan o dan fwa wedi'i orchuddio gan bougainvillea coch llachar. 'Tynna lun ohona i o dan y blodau 'ma, Menna.'

Safai Jan o dan y bwa, yn ei phos modelu, un llaw ar ei chlun dde, un goes ymlaen a'i phen yn ôl. 'Tshecia dwi ddim wedi cau'n llygada,' medda hi wedyn ar ôl i Menna dynnu'r llun. 'O'dd David wastad yn cwyno mod i'n cau'n llygaid bob tro o'dd o'n tynnu llun. O'dd o'n mynd drwy *rolls* a *rolls* o ffilm, cradur diawl. Reit, selffan rŵan. Tyrd yma.'

Edrychodd Menna'n ddi-glem hollol ar ei ffrind.

'Tyrd i fyma i gael tynnu dy lun efo fi. Does gynnon ni'r un llun o'r ddwy ohonon ni efo'n gilydd.'

Gwnaeth Menna fel roedd Jan yn ofyn iddi wneud ac, ar ôl sawl ymgais, llwyddwyd i dynnu'r selffan. Doedd y ffaith fod yna dair modfedd dda o wahaniaeth taldra rhwng y ddwy ffrind ddim yn hwyluso pethau. Dim ond talcen Menna oedd yn bresennol mewn sawl llun, neu roedd talcen Jan yn absennol yn y lleill. Cafodd Jan frenwef a gorchymynnodd i Menna sefyll ar flaenau ei thraed ac aeth hithau i lawr ar ei chwrcwd. O'r diwedd, ar ôl chwerthin mawr, a sawl edrychiad od gan bobol yn mynd heibio, llwyddwyd i dynnu llun oedd yn plesio.

Yr hyn na wyddai Menna ar y pryd oedd cymaint y byddai'n trysori'r llun hwnnw o'r ddwy ohonyn nhw'n glana chwerthin o dan y bougainvillea yn Puerto de Mogán.

Carpe diem!

'DOES 'NA GYCHOD neis 'ma, dwa?' Edmygodd Menna
yr *yachts* oedd wedi'u hangori gerllaw. Eisteddai Jan
a hithau y tu allan i dŷ bwyta yn y Marina, y ddwy newydd
orffen tapas blasus a photel o Cava i olchi'r cwbl i lawr.

'Dydyn nhw'n ddim byd o gymharu â'r cychod sy'n Monte
Carlo. Dwi'n cofio ca'l uffar o barti ar *yacht* 'na unwaith.
Sgini dipio a hithau wedi dau o'r gloch y bora! Syndod nath
neb foddi. O'dd hi'n Benmaen-mawr, Llanfairfechan a Phen y
Gogarth am ddyddiau wedyn. Hapi dês,' chwarddodd Jan, gan
gymryd y llwnc olaf o'i Cava, 'Be nawn ni? Cymryd un arall?'
Chwifiodd Jan y botel wag ac amneidio ar y wetyr i ddod ag un
arall iddynt.

'Tydi hi'n fendigedig 'ma?' gwenodd Menna, gan eistedd yn
ôl yn fodlon yn ei chadair.

'Ma'n siŵr ei bod hi'n gallu bod reit anodd ar adegau arnat ti,'
taniodd Jan ar ei sigarét.

'Anodd?'

'Byw heb Glyn. A chditha wedi priodi ers cymaint. Er ei fod
o'n hen gi drain.'

'Fyswn i ddim yn deud hynny,' sibrydodd Menna, gan lyncu
ei phoer.

'Be, ei fod o'n gi drain? A fonta wedi ca'l y farwol wrth
bwmpio'i feistres?'

'Naci, bod bywyd yn anodd hebddo fo. Doedd bywyd efo
Glyn ddim yn fêl o bell ffordd,' cyfaddefodd Menna'n dawel.

'Wel, tydi hynny ddim yn fy synnu i. Hen fastyn welis i o rioed. Wastad ar delerau da iawn efo fo ei hun.'

'Mmm, mi oedd o'n hynny'n bendant,' gwenodd Menna'n wan.

'Wel, ti well allan heb y diawl.'

'Dwi'm yn ama dy fod ti'n iawn. Wyddost ti...'

Er nad oedd y weityr yn deall gair o Gymraeg, daeth y sgwrs i stop wrth iddo ddod â photel arall o Cava a dau wydr glân i'r ddwy. Llenwodd eu gwydrau.

'Dwi'n gwybod ei fod o'n beth mawr i ddeud, a plis, ar boen dy fywyd, paid ag ailadrodd hyn wrth neb,' syllodd Menna i fyw llygaid ei ffrind.

'Wna i ddim siŵr.'

'O'n i yn ei gasáu o.' Crynai llaw Menna efo'r cyfaddefiad a chymerodd ddracht mawr o'i gwydr i geisio sadio ei hun. 'Sgin ti ddim syniad gymaint o'n i'n dymuno i rywbeth ddigwydd iddo fo. O'n i hyd yn oed wedi bod yn dychmygu gwahanol ffyrdd o'i ladd o.'

'Blydi hel!' ebychodd Jan dros y lle.

'Shh! Cadwa dy lais i lawr, wir!' Edrychodd Menna o'i chwmpas yn wyllt. 'Fyswn i byth bythoedd wedi meiddio gneud dim byd iddo... Ei ladd o, 'lly, ond doedd hynny ddim yn fy stopio rhag dychmygu'r peth.'

'Brwnt efo chi oedd y bastyn?'

Gwenodd Menna ac ysgwydodd ei phen. 'Gododd o rioed ei fys ata i.' Doedd Menna ddim yn teimlo fod y digwyddiad efo'r preshyr cwcyr cweit yn cyfri rhywsut. 'Ond mi oedd o'n gallu bod yn frwnt iawn ei dafod... Ac mewn ffyrdd eraill.'

'Pa fath o ffyrdd?' mentrodd Jan ofyn.

'Dwi'n cofio mynd am drip efo Merched y Wawr un dydd Sadwrn. Fi oedd yr ysgrifenyddes ar y pryd ac wedi trefnu'r bali peth, dwi ddim yn cofio'n iawn i le aethon ni... I'r Ysgwrn, dwi'n meddwl. Ia, dyna ti. Yr Ysgwrn, a stopio yn Nhremadog ar y ffordd yn ôl i gael swper. Oedd Glyn wedi'i gneud hi'n glir nad oedd o'n cîn i mi fynd... "I be ei di efo nhw?" medda fo. "O'n i wedi meddwl mynd â chdi i Landudno neu Gaer ella," medda fo wedyn. Fysa fo byth wedi cynnig mynd â fi fel arall. Deud rwbath o'dd o i drio fy stopio i rhag mynd ar y trip. Ond mynd 'nes i. Ac mi gawsom ni ddiwrnod bach digon di-fai, deud gwir. Ond mi dales i'n ddrud.'

'Sut felly?' gofynnodd Jan, gan dollti gwydriad arall o Cava i wydr gwag Menna ac i'w hun hithau.

'Mi oedd gen i gath...'

'Paid â deud bod y sglyfaeth wedi'i boddi hi?' ebychodd Jan a'i dychymyg yn drên.

'Naddo siŵr, ella doedd o ddim hanner call ond o'dd o ddim yn seicopath chwaith. Ond Fflwff bach gafodd y bai ti'n gweld.'

'Bai am be, 'lly?'

'Fod Glyn wedi palu a chodi fy nghoed rhosod i gyd. Coed rhosod o'n i wedi'u cael yn bresant ar fy mhen blwydd neu ar ein hanifersari priodas ni ar hyd y blynyddoedd. Ddeudodd o ei fod wedi gweld Fflwff yn gneud ei busnes yn eu canol nhw a'i bod hi wedi'u difetha nhw.'

'Pa wahaniaeth fysa hynny wedi'i neud? Fysa dipyn o wrtaith wedi gwneud lles iddyn nhw.'

'Yn hollol. A doedd y gath ddim wedi bod ar gyfyl y pats blodau, siŵr. Deud clwydda o'dd o. Dial. Dial arna i am fynd ar y trip 'na. Roedd 'na wastad bris i dalu os o'n i'n mynd yn groes iddo fo.'

'Pam na fasat ti wedi'i adael o, Menna bach?'

'Ag i le 'swn i wedi mynd?'

''Nôl adra at dy fam a dy dad?'

'Hy! Fyswn i ddim wedi cael fawr o groeso yn fanno, dallta. Oedd y ddau, yn enwedig Mam, yn meddwl y byd ohono fo. Mab y groser, John Williams! Dwi'n cofio fi'n trio sôn wrthi sut un oedd Glyn unwaith, pan oedd Michael newydd ddechrau'r ysgol. Ond cadw ei gefn o'n syth nath hi. "Dwyt ti ddim yn gwybod pa mor lwcus wyt ti, mechan i. Mi fysa rhan fwya o ferched y sir 'ma wrth eu boddau'n cael bod yn dy sgidia di, mei leidi, yn wraig i fab John Williams. Ma'r cradur bach yn gweithio ddydd a nos i dy gadw di a Michael bach. Dy le di ydi ei gefnogi, dim cwyno amdano fo fel hyn. Ma dynion yn licio ychydig bach o dendans a moetha, wyddost ti. Cofia di hynny, Menna." Dyna ddudodd hi.'

'Doedd hi rioed wedi clywad sôn am Women's Lib, ma'n rhaid.'

'Mam? Bobol bach, nagoedd. A taswn i wedi magu digon o blwc i'w adael, fysa fo byth, bythoedd wedi caniatáu i mi fynd â Michael efo fi. Ddeudodd o wrtha i unwaith, ar ôl ryw ffrae neu'i gilydd, a finnau wedi cael llond bol ac yn bygwth ei adael – yr unig dro i mi fygwth mynd. "Ia, dos. Ond paid ti â meddwl am eiliad y cei di fynd â Michael efo chdi. Ddim dros fy nghrogi. Ma Michael yn aros yn fyma efo fi, dallta. Mi wna i'n siŵr o hynny." Ac mi fysa fo wedi llwyddo hefyd drwy help ei fêts, yn y loj.'

'Ond be am ar ôl i Michael adael cartra? Pam na 'sa chdi wedi'i adael o bryd hynny, 'ta?'

'I ddechrau doedd gin i ddim ceiniog i'n enw i dalu am rent yn nunlla. Yn enw Glyn oedd yr acownts banc ac mi oedd o wedyn yn rhoi pres howscipin i mi bob wsnos.'

'Pam na fasa chdi wedi cysylltu efo fi? Fyswn i wedi rhoi pres i chdi i gael dy draed o'danat.'

'Peth mawr ydi balchder, sdi... A beth bynnag, doedd gin i mo'r syniad cynta lle oeddet ti na be o'dd dy hanes di.'

'O'n i'n sylwi dy fod ti ddim yn gwisgo dy fodrwy briodas ddim mwy.'

Oedodd Menna cyn ateb.

''Nesh i i cholli hi... Mi ddaeth hi ffwrdd oddi ar fy mys i... pan o'n i'n nofio y diwrnod o'r blaen.' Cymerodd Menna sip arall o'i gwydr ac meddai hi wedyn, gan edrych allan ar y gorwel. 'Camgymeriad mwya 'mywyd i o'dd peido dŵad efo chdi i Lerpwl.'

'Dwi dal ddim wedi maddau'n iawn i chdi am hynna,' meddai Jan efo'r tinc mymryn lleia o chwerwder yn ei llais, ond digon i Menna allu ei synhwyro serch hynny.

'Na, dwi'n gwybod. Fydda i'n meddwl yn aml, sdi, sgwn i le fasa ni rŵan? Be fysa'n hanes ni wedi bod?'

'Dan dorchan debyg. Gormod o ddrygs, bŵs a roc a rôl. Ond o, am ffordd i fynd,' chwarddodd Jan, gan dollti mwy o'r diod pefriog i wydrau'r ddwy. 'Tydi hi dal ddim rhy hwyr, ti'n gwybod.'

'Be ti'n feddwl?'

'I wneud yn fawr o dy fywyd.'

'Hy! Ma fy amser a fy nghyfleoedd i wedi hen basio, Jan bach.'

'Paid â malu cachu.'

'Dwi'n saith deg pump!'

'Ia? A pha wahaniaeth ma hynny'n ei neud? Dim ond rhif ydi oed. Be w't ti'n ei deimlo fyny fyma a fyma sy'n bwysig yli,' meddai Jan, gan bwyntio at ei phen a'i chalon. 'Be ydi'r pethau wyt ti wastad wedi isio'u gneud? Dy *bucket list* di mewn ffordd.'

'*Bucket list*, be andros ydi peth felly?'

'Pethau ti'n gobeithio eu gneud cyn i ti gicio'r bwcad.'

'Sgin i ddim byd.'

'Oes siŵr iawn. Ma gin bawb rwbath. Gweld y tiwlips yn Amsterdam ydi un o fy rhai i. Mi gei di ddŵad efo fi. Mi wna i fwcio trip i ni'n dwy mis Ebrill nesa. Ganol Ebrill ydi'r amser gora i'w gweld nhw, medda nhw.'

'Does gen i ddim byd.'

'Oes siŵr. Meddylia,' pwysodd Jan.

'Nac oes, sdi. Wel…'

'Ia?'

'Erbyn meddwl, ma 'na un peth…'

'Tyrd yn dy flaen, 'ta… Deud.'

'Tatŵ.'

'Tatŵ?'

O'r holl bethau yn y byd fyddai Menna wedi gallu eu rhestru, yn sicr, doedd Jan ddim yn disgwyl y byddai hi wedi datgan bod cael tatŵ ar frig ei rhestr.

'Ia, Tatŵ. Fyswn i wrth fy modd yn ca'l tatŵ bach ar fy ngarddwrn.'

'Fatha sgin Judi, 'lly?'

'Judi? Pwy 'di Judi? Dwi ddim yn ei nabod hi.'

'Judi, fy ffrind. Ma'n actio dipyn. Wel, hi sy'n ca'l y parta gwragedd hen i gyd dyddiau yma, wel, heblaw am Maggie Smith.'

'Ti'n ffrindiau efo Judi Dench?'

Nodiodd Jan ei phen. 'Ers blynyddoedd. Oeddan ni allan ryw noson a 'nes i ddigwydd sôn bod gen i un, ac wrth gwrs mi o'dd hithau ar dân isio un wedyn. Un fel'na ydi hi braidd, fiw i neb gael dim.'

'Wyddwn i ddim bod gin ti datŵ. Lle ma o?'

'Boch dde fy nhin. Calon fach efo *kiss my arse* wedi'i sgwennu arno fo. O'n i wedi meddwi'n gachu rwtsh, i neud o fel *dare* 'nes i. Ddangosai o i chdi wedyn, os lici di.'

'Dim diolch,' gwaredodd Menna.

'*Carpe Diem* ydi tatŵ Judi. *Seize the day*. Addas iawn, i chdi.'

'Wel, o'n i wedi meddwl am rywbeth bach mwy delicet, deud gwir.'

'Be ti ffansi, 'ta?'

'Rhosyn bach. Dwi'n licio rhosod.'

'Rhosyn amdani, 'ta.' Llowciodd Jan ddiferion olaf cynnwys ei gwydr. 'Tyrd yn dy flaen,' meddai wedyn, gan amneidio ar Menna i wneud yr un peth.

'I le?'

'I gael tatŵ, 'de.'

'Be rŵan? Fan hyn?' ebychodd Menna a'i llygaid fel dwy soser.

'Pam lai? Mi weles i le sy'n gneud tatŵs fyny'r stryd yn fan'cw.'

Amneidiodd ar y wetyr i ddod â'r bil.

'Ond...'

'Tyrd yn dy flaen,' cododd Jan ar ei thraed. 'Cyn i ti newid dy feddwl. *Carpe diem*!'

Carioci a Kenny Rogers

W RTH I'R DDWY fwyta eu swper yn y gwesty'r noson honno, edrychai rhai o'u cyd-westeion yn reit amheus ar arddwrn dde Menna wedi'i lapio'n dynn mewn clingffilm. I'r rhai oedd ddigon agos i weld beth yn union roedd y clingffilm yn ei orchuddio, roedd eu hwynebau nhw'n bictiwr. Dynes yn ei hoed a'i hamser efo tatŵ! Allai Menna ond dychmygu be oedd yn mynd drwy eu meddyliau. Wel, stwffia nhw! Oes oedd gan Judi Dench datŵ yna pam na allai hithau hefyd gael tatŵ? Doedd 'na ddim gwaharddiad oed. Wyddai hi ddim tan y prynhawn hwnnw y gellid defnyddio clingffilm i bwrpas arall heblaw gorchuddio treiffl neu *quiche* ar eu hanner. Roedd hi wedi rhyfeddu fod y cyfryw beth yn cael ei ddefnyddio i orchuddio tatŵ newydd er mwyn stopio aer a germau rhag cael at y briw.

Edmygodd Menna'r rhosyn bychan ar ei harddwrn dde. Ond cael a chael oedd iddi gael traed oer pan welodd faint y nodwydd. Roedd hi ar fin neidio allan o'r gadair, ei gluo hi drwy'r drws a datgan ei bod wedi newid ei meddwl pan stwffiodd Jan hip fflasg o dan ei thrwyn.

'Yfa hwnna. Curo Bach's Rescue Remedy unrhyw ddiwrnod.'

Cymerodd swig hegar. Ych! Roedd hi'n casáu wisgi! Ond fe wnaeth y tric y pnawn hwnnw. Cymerodd ddracht mawr arall a chaeodd ei llygaid yn dynn.

'Wel, dyna chdi wedi rhoi tic yn y bocs i un peth ar dy restr di. Be arall sydd arni?' holodd Jan dros swper.

'Dwi wedi deud wrthyt ti, sgin i ddim byd.'

'Yli, Menna bach, mi wyt ti wedi gwastraffu rhan fwya o dy fywyd yn tendiad ar y brych gŵr 'na o'dd gin ti. Dyma dy gyfle di rŵan i fyw ychydig, cyn i ti fynd dan y dorchan.'

'O, diolch yn fawr iawn! Dwi ddim yn bwriadu disgyn yn farw fory nesa, sdi!'

'Dwi ddim yn deud, a gobeithio wir, na 'nei di. Ond ti'n nes i wyth deg na chwe deg, ac er ein bod ni i gyd yn licio meddwl ein bod ni, does neb yn byw am byth, sdi.'

'Argo, mi wyt ti'n gysurwr Job heno 'ma, dwyt?'

'Gwranda arna i, 'nei di? Ma gin ti dy iechyd, ma gin ti dy farblis i gyd, felly paid â gwastraffu hynny o amser sydd gin ti ar ôl. Gwna betha, dos i lefydd. Paid ag ista ar dy din adra yn yr hen dŷ mawr 'na yn gneud dim byd ond paratoi at y diwedd.' Cododd Jan oddi wrth y bwrdd.

'Lle ti'n mynd?' gofynnodd Menna yn syn.

'Am dro bach lawr i'r harbwr. Tyrd yn dy flaen.'

Rargian, meddyliodd Menna, wrth gerdded yn fân ac yn fuan i geisio dal i fyny efo'r ffrind. Beth oedd wedi achosi'r bregeth yna, tybed?

Digon tawedog oedd y ddwy wrth gerdded i gyfeiriad yr harbwr. Câi Menna'r teimlad ei bod wedi pechu Jan ryw ffordd, ond allai hi yn ei byw feddwl sut chwaith. Yn y pellter roedd bar carioci prysur, a'r gân 'Stand By Your Man' yn cael ei mwrdro gan ryw graduras oedd hanner tôn allan ohoni.

'Ma hi'n swnio fel tasa hi mewn poen. Mi fysa Tammy druan yn troi'n ei bedd,' gwingodd Menna wrth glywed y cnadu.

'Tyrd i ni ddangos iddyn nhw sut ma gneud, 'ta,' datganodd Jan, gan gamu i gyfeiriad y bar.

'Be? Ti dim o ddifri?' ebychodd Menna, yn brasgamu ar ei hôl. 'Callia 'nei di?'

'Tyrd yn dy flaen!' gwaeddodd Jan arni wedyn cyn diflannu i mewn i'r bar swnllyd.

Er i Menna drio bob ffordd i berswadio Jan nad oedd hyn yn syniad da, doedd dim modd newid ei meddwl hi.

'Duwcs neith hi laff. Llacia'r blwmar 'na, wir Dduw. Does 'na neb yn nabod ni yma.'

'Ond ma 'na flynyddoedd ers i mi ganu!' protestiodd wedyn.

'Ti'n canu'n capel bob dydd Sul, dwyt?'

'Wel, yndw. Ond ma hynny'n wahanol...'

'Reit, 'ta, be ti ffansi ganu?' Trodd Jan dudalennau llyfr y caneuon carioci'n wyllt, gan ysgwyd ei phen. 'Na... Na. O, be am hon?... Na... Dewis gwael 'ma,' ochneidiodd wedyn.

Dechreuodd Menna obeithio na fyddai yna'r un gân yn addas iddynt. 'Dim ots, Jan. Tyrd, awn ni'n ôl i'r gwesty. Gawn ni *nightcap* bach yn y bar,' awgrymodd wedyn. Gobeithiai y byddai'r syniad o goctel neu ddau yn ddigon i newid meddwl Jan o'r ffwlbri gwirion.

Fel roedd Menna ar fin cychwyn i gyfeiriad y drws, yn meddwl yn siŵr ei bod wedi cael dihangfa uffernol o lwcus, daeth gwaedd o gyfeiriad Jan.

'Dwi wedi'i chael hi! Hon neith i ni.' Gwthiodd y llyfr dan drwyn Menna a phwyntio at y gân.

'Be ydi hi?' gofynnodd Menna a'i chalon yn suddo. Darllenodd y teitl uwchben bys ei ffrind. '"Those Were The Days", cân a ganwyd gan Mary Hopkin ac a fu'n rif un yn y siartiau 'nôl yn y chwedegau.'

Er mawr loes i Menna ni fu'n rhaid i'r ddwy aros yn hir am eu tro.

'Tyrd, gad i ni ddangos iddyn nhw be ma'n nhw wedi'i

fethu'r holl flynyddoedd 'ma.' Gwasgodd Jan ei braich yn gysurlon cyn camu'n hyderus i gyfeiriad y llwyfan bach yng nghornel y bar.

Camodd hithau'n grynedig ar ei hôl. Fuodd hi erioed mor nerfus yn ei byw. Clywodd sain y piano yn ei chlustiau, wedyn y feiolin. Llyncodd ei phoer a chliriodd ei gwddw. Teimlai fel cwningen fechan wedi'i dal mewn hedlamps car. Cafodd bwn hegar yn ei hasennau gan Jan. Clywodd lais ei ffrind wrth ei hochr.

'Once upon a time there was a tavern where we used to raise a glass or two...'

Ciledrychodd ar Jan yn wyllt. Gwenodd honno'n ôl fel petai'n dweud wrthi: Fyddi di'n iawn... Fedrwn ni wneud hyn. Cymerodd Menna anadl fawr. Canolbwyntiodd â'i holl enaid ar y geiriau wedi'u goleuo ar y sgrin o'u blaenau, yna ymunodd yn y gân.

Those were the days my friend
We thought they'd never end
We'd sing and dance forever and a day
We'd live the life we choose...

Canai'n betrusgar a'r nerfau i'w clywed yn glir yn ei llais. Ond fel yr âi hi yn ei blaen, cynyddai ei llais a'i hyder. Ac o dipyn i beth, dechreuodd deimlo'n gyfforddus yn sefyll a pherfformio o flaen y dyrfa fechan yn y bar. Toddodd y blynyddoedd ac am foment fechan cafodd ei thywys yn ôl i ddyddiau perfformio efo'r Petalau. Yn ôl pan oedd hi'n un ar bymtheg oed, pan oedd ei bywyd i gyd o'i blaen, pan oedd unrhyw uchelgais a breuddwyd yn bosib. Pan doedd 'na ddim Glyn.

Boddwyd eu nodau olaf gan sŵn clapio brwd a bonllefau o 'More, more!' Roedd rhai hyd yn oed yn sefyll ar eu traed! Ciledrychodd y ddwy ar ei gilydd gan wenu, ac roedd Menna'n amau'n gry iddi weld deigryn yn llygaid Jan. Cofleidiodd y ddwy'n dynn.

Yn dilyn yr ymateb i'w perfformiad, aeth y ddwy yn eu blaenau i ganu dwy gân arall. Doedden nhw ond newydd eistedd i lawr pan laniodd weityr efo potel o Cava a dau wydr o'u blaenau.

'Hey, there's been a mistake. We haven't ordered any Cava,' meddai Jan yn syn.

'With compliments from the table over there,' atebodd y weityr, yn amneidio i gyfeiriad un o'r byrddau y tu ôl iddynt.

Trodd pennau Jan a Menna'n wyllt. Sgrechiodd Jan a gweiddi dros y lle.

'O, mai God! Gloria! Neil!'

Cododd yn wyllt a brasgamu i gyfeiriad y bwrdd gan gofleidio gŵr a gwraig ddieithr ddim yn bell o'u hoed nhw.

Rhyfeddai Menna nad oedden nhw wedi sylwi ar y ddau ynghynt. Edrychai'r pâr mor drawiadol, o ran eu gwisg a'u gwedd. O gymharu â'r ddau yma, edrychai hyd yn oed Jan yn geidwadol. Roedd Gloria, rhyw ffordd neu'i gilydd, wedi llwyddo i dywallt ei hun i mewn i ffrog lycra print anifail lliw neon. O ran y wisg fwyaf di-chwaeth roedd Neil, yn ei siaced biws a melyn a'i drowsus gwyn, yn ail agos i'w wraig. Edrychai'n union fel *tour rep*. Roedd eu gwalltiau'n cydweddu'n berffaith, y ddau'n ddu fel dwy frân. Yn amlwg yn rhannu'r un lliw botel lliwio gwallt. Roedd eu crwyn yn dangos effaith blynyddoedd o addoli'r haul. Pwy yn y byd oeddan nhw? A sut yn y byd roedd Jan yn eu hadnabod? Erbyn meddwl, roedd yn gwestiwn dwl i'w ofyn, achos roedd Jan yn adnabod pawb. Petai hi'n landio ar ryw ynys bellennig yng nghanol môr yr Iwerydd, mi fyddai hi'n siŵr o adnabod rhywun. Ar ôl sbel, daeth Jan yn ei hôl, yn wên o glust i glust.

'Tyrd,' meddai, gan afael yn y botel a'r gwydrau. 'Ma Gloria a Neil am i ni ymuno efo nhw.'

Esboniodd yn sydyn fod y tri ohonyn nhw wedi gweithio am gyfnod efo'i gilydd yn diddanu'r gwesteion ar longau pleser. Roedd Gloria a Neil yn byw yn Gran Canaria bellach.

Cyflwynwyd Menna i Gloria a'i phartner Neil.

'Nice to meet you, Menna,' meddai Gloria'n glên. 'There's an empty chair beside Richard for you. Make room for Menna, Richard.'

Am y tro cyntaf, sylwodd Menna fod yna berson arall yn eistedd wrth y bwrdd. Dim rhyfedd nad oedd hi wedi sylwi arno cyn hynny ac yntau yng nghwmni dau dderyn egsotig oedd yn taflu eu cysgod drosto. Yn wir, edrychai allan o le yn lân, yn ei *chinos* golau a'i grys glas *chambray* llewys cwta, mewn clwb carioci yn rhannu bwrdd efo'r Sonny a Cher amryliw yma. Doedd o ddim yn dioddef o tanorecsia chwaith.

Symudodd Menna i ben arall y bwrdd a chododd Richard ar ei draed ac ysgwyd ei llaw yn gynnes. Wanwl, meddyliodd Menna, roedd o'r peth tebycaf fyw i'r canwr Kenny Rogers. Hynny ydi, cyn i hwnnw gael *facelift*. Hefo'i wallt a'i farf pupur a halen, a'i lygaid llwydlas, roedd o'r un sbit â'r canwr cefn gwlad. Canwr roedd gan Menna fymryn o grysh arno erstalwm, petai'n weddus dweud.

Tarddodd chwerthiniad uchel Jan ar ei meddyliau. Roedd honno, ynghyd â Gloria a Neil, am y gora yn dwyn i gof hanesion ac atgofion am yr hen ddyddiau. 'Do you remember when we nearly fell overboard?' oedd un. 'Do you remember that time the ship nearly sunk?' oedd un arall. Gan nad oedd gan Richard na hithau ddim i'w gyfrannu i'r sgwrs eisteddodd y ddau fel dau feudwy ymhen pella'r bwrdd yn cael eu hanwybyddu'n llwyr.

Ar ôl ychydig eiliadau o chwithdod, gwenodd Richard

arni'n glên a'i lygaid glas yn pefrio. Roedd Menna wastad wedi cael ei denu at ddynion efo llygaid glas. A oedd yn od dweud gwir, gan mai llygaid lliw mwd oedd gan Glyn. Glas oedd lliw llygaid ei thad, a diolch byth fod Michael wedi etifeddu'r lliw hefyd, yn ogystal â'i bersonoliaeth addfwyn. Be oedd yr hen ddywediad 'na? Llygaid glas, hen hogan gas; llygaid *green*, hen ogan flin; llygaid brown, hen ogan iawn. Hen beth gwirion i ddweud, meddyliodd Menna. Pwy feddyliodd am y fath ddywediad?

'We really enjoyed the two of you singing...'

Roedd Richard newydd ddweud rhywbeth wrthi.

'I'm sorry, I was miles away,' medda hi, gan ymddiheuro'n llaes.

'We really enjoyed the two of you singing up there,' medda fo wedyn. 'Did you use to sing on the crusie ships as well?'

'Good Lord, no,' atebodd Menna. 'I haven't sung in years...'

'Cymraeg dach chi?' torrodd Richard ar ei thraws.

'Ia, a chithau?' gofynnodd hithau'n ôl yr un mor syn.

'Ia, tad, o Blaenau Ffestiniog yn wreiddiol ond yn byw yn Neganwy rŵan.'

'A finnau o Sir Fôn!' ebychodd Menna. Pwy fyddai'n meddwl bod Kenny Rogers yn byw'n Neganwy ac yn siarad Cymraeg? meddyliodd.

O ddarganfod eu bod yn gyd-Gymry roedd yr ias wedi'i dorri go iawn.

'Deudwch i mi,' gofynnodd Richard iddi, gan sylwi ar y clingffilm. 'Tatŵ ydi hwnna?'

'Ia,' cyffyrddodd Menna yn ei braich. 'Newydd gael o heddiw. Be ddoth dros fy mhen i, dwch?'

'Cês dach chi. A deud y gwir wrthach chi, 'swn innau wedi licio cael un fy hun.'

'Pam na chawsoch chi un, 'ta? A tydi hi dal ddim yn rhy hwyr.'

'Gormod o fabi. Ofn nodwyddau.'

'Dyn fath â chi ofn nodwyddau? Choelia i fawr!' Roedd y sylw allan o'i cheg hi'r un pryd ag yr oedd hi wedi'i feddwl o.

'O? A sut ddyn ydw i felly?'

Cochodd Menna. Un pryfoclyd oedd y Richard yma.

'Hynny 'di... O'n i ddim yn disgwyl i ddyn abal fath â chi fod ofn pethau fel nodwyddau.'

Llyncodd Menna ei phoer. Cau dy geg, Menna, jyst cau dy geg, ti'n tyllu twll dyfnach i chdi dy hun, meddyliodd.

'Tynnu eich coes chi, Menna,' gwenodd Richard arni'n gellweirus. 'Gymrwch chi wydriad?' Erbyn hynny roedd potelaid arall o'r gwin pefriog wedi ymddangos ar y bwrdd.

'Dim diolch yn fawr, dwi'n meddwl mod i wedi cael mwy na digon.'

'Pwy sy'n deud?' gofynnodd Richard, gan afael yn y botel a thollti gwydriad iddo fo ei hun.

Glyn oedd yn dweud. Neu dyna be oedd o'n arfer ei ddweud. 'Ti 'di cael mwy na digon i yfed. Cyn i ti ddechrau gneud sôn amdanat a chodi cywilydd arna i...' Dyna fyddai o yn ei ddeud wrthi mewn rhyw barti neu ddigwyddiad, ar yr adegau prin hynny nad oedd hi'n dreifio.

Roedd hithau wrth gwrs wedi gwrando'n ufudd ar hyd y blynyddoedd. A dyma hi, meddyliodd, a fynta dan y dorchan, yn dal i wrando arno, yn dal i adael iddo'i rheoli. Be andros oedd yn bod arni?

'Neb,' gwenodd yn ôl ar Richard, gan estyn ei gwydr iddo ei lenwi. 'Does 'na neb yn deud. Ers faint dach chi'n byw yn Neganwy?'

'Ers bron i dri deg mlynedd. Symudon ni yno pan ges i swydd

'nôl yng ngogledd Cymru. Oedden ni'n byw yng Nghwmbrân cyn hynny.'

Ni? Sylwodd Menna ar y lluosog. Lle roedd gwraig Kenny heno felly? Damia las, Richard oedd ei enw fo.

Ysai Menna i holi hanes Mrs Rogers, neu'n hytrach ei wraig. Ond yn hytrach gofynnodd, 'Be oedd eich gwaith cyn i chi ymddeol felly?'

'O'n i yn yr heddlu. Be 'di'ch gwaith chi, 'ta?'

'O, dwi'n rhy hen i weithio!'

'Choelia i fawr!' Gwenodd Richard arni.

Oedd y dyn yma'n fflyrtio efo hi? Ond sut beth oedd hwnnw beth bynnag? Roedd Menna wedi hen anghofio sut i fflyrtio ac i fod yn ymwybodol bod rhywun yn fflyrtio efo hi. Ond roedd o'n glên iawn, neu ddall, yn meddwl nad oedd hi heb gyrraedd oed yr addewid. Ia, mae'n rhaid mai fflyrtio a ffalsio oedd o, penderfynodd.

'A do'n i ddim yn gweithio. Dim ond gwraig tŷ o'n i,' ychwanegodd wedyn.

'Dim ond? Peidiwch ag israddio chi'ch hun. Ma hynny'n waith pwysig iawn.'

'Dach chi'n meddwl?'

'Yndi siŵr. Wyddoch chi eu bod nhw'n deud bod rhedeg cartra yn union fel rhedeg cwmni? Ddarllenais i yn un o'r papura newydd yn ddiweddar, tasa rhywun yn ystyried yr holl wahanol swyddi ma gwraig tŷ yn eu neud – cogydd, glanhawraig, nani, nyrsio, therapydd, tiwtor ac ati – a tasech chi'n rhoi'r cyflogau yna i gyd at ei gilydd, mi fysa'r swm o gwmpas can chwe deg mil y flwyddyn. Cyflog mwy na chyflog prif weinidog.'

''Nes i rioed feddwl amdano fo fel'na.'

'A dwi'n siŵr tasa chi ddim wedi bod yno i neud yr holl

jobsys 'na, mi fysa hi wedi bod yn flêr iawn acw. A dwi'n siŵr fysa pawb yn tŷ chi wedi bod ar goll hebddo chdi.'

Nodiodd Menna ei phen a gwenu. Doedd hi rioed wedi ystyried bod ei chyfraniad hi wedi bod o unrhyw werth. Ar hyd y blynyddoedd roedd hi wedi gofalu bod yna bryd poeth ar y bwrdd bob nos yn disgwyl Glyn adra. Gofalu bod ganddo fo grys glân ar ei gefn bob dydd. Ateb y ffôn a chymryd negeseuon ar ei ran yn ddyddiol, ac yn bwysicach, yn ddi-dâl. Roedd Glyn wedi byw fel brenin ar hyd ei oes tra bu hi'n tendiad arno fel rhyw forwyn fach.

Cofiodd fel y cafodd hi ffliw un gaeaf ac y bu yn ei gwely'n fflat am ddyddiau. Roedd Glyn ar goll yn lân hebddi. Wyddai o ddim lle oedd ddim byd yn tŷ. Roedd y gegin yn anathema llwyr iddo. Doedd ganddo ddim mo'r syniad cyntaf sut i olchi dillad, wyddai o ddim be oedd hetar smwddio. Bu Michael a fonta'n byw ar fîns ac wy wedi'i ffrio am dridiau. Pan redodd allan o grysau glân a methu cael hyd i'w fresys, ffoniodd ei fam a daeth honno â'i gwynt yn ei dwrn i achub y dydd. Wrth orwedd yn ei gwely yn brifo trosti, ac yn teimlo ei bod yn ddigon gwael i farw, fe drawodd Menna mai howscipar roedd Glyn ei angen, dim gwraig. Yr holl amser y buodd hi'n gorwedd yna'n llyg chynigiodd o ddim hyd yn oed gwneud paned o de iddi. Cadwodd yn glir oddi wrthi rhag iddo yntau ddal yr anfadwch gan gysgu yn y stafell sbâr. Ac yntau ond yn gatyn bach, Michael ddaeth â thamaid o dost iddi a mygiad mawr o Ribena poeth.

'Nest di ddim berwi'r tegell, naddo, ngwas i?' meddai Menna yn ei ddychmygu'n sgaldian ei hun wrth drio tollti dŵr berwedig o'r tegell trwm i fŷg.

'Naddo.'

'O le gest di ddŵr poeth, 'ta, ngwas i?

'Tap bathrwm.'

Roedd cymaint o syched ar Menna fel yr yfodd hi'r Ribena sicli ar ei ben.

'O'n i ychydig fel'na ar ôl colli Gwen,' torrodd Richard ar ei meddyliau. 'Ar goll. Wel, dwi dal ar goll deud y gwir. A ma hi wedi mynd bedair blynedd i fis Tachwedd yma.'

'O, ma'n ddrwg iawn gin i. Golles innau fy ngŵr Glyn bum mis yn ôl.'

'Dim ond pum mis! O, ma mor ddrwg gen i glywed... Job ydi o, 'de,' meddai o'n dawel wedyn ymhen sbel.

'Sori?' meddai Menna, ddim cweit yn deall be oedd Richard yn ei feddwl.

'Cario mlaen hebddyn nhw.'

Nodiodd Menna gan wenu'n wan.

'Does 'na neb yn dallt, nac oes. Be dach chi'n mynd drwyddo. Yr hiraeth. Os nad ydach chi wedi bod drwyddo fo eich hun.'

Gwenodd Menna wên gydymdeimladol. Ond y drwg oedd, er ei bod hithau wedi colli cymar, doedd hi ddim yn dallt. Pigodd y dagrau yn ei llygaid. Peth mawr ydi cariad mae'n rhaid, meddyliodd. Roedd y dyn hwn wedi colli'i wraig ers pedair blynedd ac yn dal i deimlo'r golled, yn dal i hiraethu ar ei hôl. Wyddai hi ddim beth oedd hynny. Allai hi ddim dirnad y peth o gwbl, a dyna oedd yn ei thristáu.

'Mae'n ddrwg gen i, dwi wedi'ch ypsetio chi. Ddylwn i ddim bod mor ansensitif,' ymddiheurodd Richard wedi sylwi ar y dagrau'n cronni yn ei llygaid. 'Maddeuwch i mi.'

I dorri ar y chwithdod oedd wedi disgyn fel planced ar y ddau fwyaf sydyn, clywyd bonllef uchel o ben draw'r bwrdd.

'It was all Jan's fault! It was her idea,' chwarddodd Gloria dros y lle.

Aeth yn ei blaen i ddwyn i gof y tro hwnnw pan oedd y llong

wedi docio a Jan a hithau hefo diwrnod i ffwrdd. Treuliodd y ddwy'r amser yn yfed fodca a smocio dôp. Dôp roedd Jan, ryw ffordd neu'i gilydd wedi'i smyglo ar fwrdd y llong. Y noson ganlynol roedd y ddwy i fod yn gweithio. Doedd Jan ddim gwaeth ond roedd Gloria druan yn ddigon gwael i farw.

'I was so ill,' griddfanodd yn ail-fyw'r profiad. 'And Jan, well, she was absolutely fine, but I had to feign seasickness for two whole days!'

'I remember,' chwarddodd Jan. 'Nobody could understand why you were seasick as we'd been on dry land!'

Bonllefau mawr o chwerthin eto.

'Mae Gloria a Neil wedi bod yn dda iawn efo fi, ffeind iawn,' amneidiodd Richard i gyfeiriad y ddau.

'Sut ydach chi'n nabod nhw felly?' holodd Menna. Methai'n glir â deall beth oedd gan y cyn-blismon yma'n gyffredin efo dau gyn-ganwr allblyg.

'Ti, plis, ma 'na rywbeth yn ffurfiol ofnadwy yn y chi 'ma, ti ddim yn meddwl?'

Nodiodd Menna ei phen a gwenodd. 'Sut wyt ti'n nabod y ddau?' gofynnodd drachefn, gan roi pwyslais ar y 'ti'.

'Ma Neil yn gefnder i mi.'

'Cefnder?' Bu bron iawn i Menna dagu ar ei diod. Roedd fel dweud bod Kenny Everett a Kenny Rogers yn gefndryd cyntaf. ''Swn i byth wedi deud,' meddai wedyn.

'Ma lot yn deud run peth, cofia. Mi gafodd Neil ei fagu yn Stoke-on-Trent,' eglurodd Richard, 'dim gair o Gymraeg ganddo fo, yn anffodus. Er ei fod o'n arfer treulio pob gwylia ha' yn Nhanygrisia efo ni. Mi drion ni bob sut i ga'l o i siarad Cymraeg ond mi o'dd o'n ystyfnig fel mul ac yn gwrthod dros ei grogi... Mi roedd Nain druan bron â thynnu gwallt ei phen efo fo ac yn gwaredu'r diwrnod yr aeth Anti Lis i Stoke i nyrsio a chyfarfod ag Yncl Harry. Ac er ei anfodlonrwydd mawr i siarad iaith y nefoedd mi oeddan ni'n dipyn o lawia, yn dal i fod, deud gwir.'

Aeth Richard yn ei flaen i esbonio bod Gwen ac yntau yn ffrindiau mawr efo Neil a Gloria. Roedd y ddau'n weision priodas i'w gilydd, a'r ddau gwpl yn arfer mynd am wyliau. Ers iddo golli Gwen, roedden nhw wedi trio ei berswadio i fynd i aros atyn nhw yn Gran Canaria. Roedd o a Gwen yn mynd bob mis Mawrth am flynyddoedd, ond tan eleni gwrthod eu gwahoddiad roedd o wedi'i wneud bob tro, gan nad oedd o'n gallu wynebu mynd yn ôl heb ei enaid hoff cytûn.

'O'n i ddim yn meddwl y byswn i byth yn gallu dod yn ôl 'ma, ddim heb Gwen. Ac yndi, ma hi'n anodd iawn bod yma hebddi, yr holl atgofion yn mynnu llifo'n ôl. Ond dyna ni, ma rhaid i rywun drio, a dwi'n gwybod mai dyna be fysa Gwen isio.'

Roedd hi'n amlwg i Menna fod gan y dyn yma feddwl y byd o'i wraig. A'i bod hithau wedi bod yn hynod o ffodus i brofi cariad dyn fel Richard.

'Hwn ydi 'ngwyliau cynta i dramor,' meddai wrtho'n dawel.

'Heb dy ŵr?'

'Erioed. Doedd Glyn, y gŵr 'cw, ddim yn un am wyliau. Er 'swn i wedi bod wrth fy modd. Dwi wastad wedi bod yn genfigennus o rheini sydd berchen motorhôm. Ffordd ddelfrydol i weld yr hen fyd 'ma, yn fy meddwl i.'

'Yndi, dwi'n siŵr ei fod o.'

'Er 'swn i'n anobeithiol am yrru peth felly hefyd,' chwarddodd Menna.

'Dyna chdi eto, paid â rhoi dy hun i lawr cymaint,' ceryddodd Richard hi'n ysgafn. 'Mi fysat ti rêl boi. Ti weld yn ddynes fedrus iawn i mi.'

Roedd ei lygaid glas yn dal i syllu i fyw ei rhai hithau.

'Dwi hefyd wrth fy modd yn gwylio'r rhaglenni hynny lle mae pobol yn prynu lle yn yr haul dramor,' parablodd Menna yn ei blaen. 'Fydda i'n gweld hi'n braf arnyn nhw.' Pam oedd y dyn yma'n gwneud iddi deimlo'n nerfus ac fel merch un ar bymtheg oed unwaith eto?

'Mi oedd Gwen wrth ei bodd yn gwylio rheini hefyd. Oedden ni wedi bwriadu prynu fila neu apartment bach dramor, ond aeth Gwen yn sâl a chawson ni ddim...' Distawodd Richard a llyncodd ei boer. Cliriodd ei wddf fel petai hynny, ryw ffordd, yn ei helpu i gael gwared o'i hiraeth, dros dro o leiaf. Trodd sylw'r sgwrs yn ôl at ei gwmni: 'Sut ti'n nabod Jan?'

'Oedden ni'n dwy yn rysgol efo'n gilydd. A choelia di neu beidio ond mi oedden ni'n arfer canu mewn grŵp. Ni'n dwy a hogan arall, ond nath o ddim para'n hir.'

'Ddylach chi fod wedi dal ati.'

'Ti'n meddwl?'

'Yn bendant. Ella mod i ddim yn dallt lot am ganu, ond oeddech chi'n swnio'n wych i fyny fanna gynna.'

'Ti rhy ffeind.'

'Na, o ddifri rŵan.'

Llifodd y sgwrs yn rhwydd braf rhwng y ddau, fel petaen nhw'n adnabod ei gilydd ers blynyddoedd. Soniodd Richard fod ganddo un ferch, Eirian, a'i bod hi'n byw yn Benllech hefo'i theulu. Roedd ganddo ddau o wyrion, cannwyll llygaid eu taid yn amlwg. Soniodd hithau yn ei thro am Michael ond doedd ganddi ddim wyrion nac wyresau.

'Cŵn ond dim plant, Michael a Carol felly,' ategodd, gan wenu'n wan. Trawodd ar Menna'n sydyn. Oedd perthynas Michael a'i dad, a oedd wedi bod dan gymaint o straen ar hyd y blynyddoedd, wedi dylanwadu ar ei benderfyniad? Roedd Menna wastad wedi meddwl mai Carol oedd ddim eisiau plant, ond falla mai Michael oedd yr un oedd yn gwrthwynebu. Ofn y byddai'n ail-greu y berthynas oeraidd ddirmygus honno a fodolai rhwng ei dad ac yntau?

'Oedd gan Michael lais canu digon del pan oedd o'n hogyn. Gafodd o ail yn Steddfod Sir unwaith. Ond doedd gan Michael ni fawr o ddiddordeb mewn pethau fel'na,' gwenodd Menna'n wan, yn ymwybodol o'r celwydd yn ei dweud.

Drwy ailadrodd hynny wrth bawb am flynyddoedd, ar ôl sbel, roedd hi wedi llwyddo i gredu'r celwydd ei hun. Y gwir amdani roedd Michael yn caru canu. Roedd ganddo ddawn arbennig ac ar ôl i'w lais dorri roedd ganddo lais tenor bendigedig. Ond yn hytrach na bod yn falch o'i fab a'i annog i ddatblygu ei grefft a'i ddawn, roedd Glyn o'i go fod ei unig fab yn potsian efo rhywbeth mor bonslyd â chanu. Roedd o'n llawn ei ddirmyg arferol tuag at Michael.

Roedd un beirniad wedi dod at Michael a'i fam ar ddiwedd un Eisteddfod gan awgrymu'n gryf mai da o beth fyddai i'r hogyn gael gwersi canu er mwyn datblygu ei lais a'i grefft. Roedd yn gweld potensial am yrfa broffesiynol iddo. Roedd Michael a Menna wedi gwirioni, ond pan soniodd y ddau wrth Glyn y noson honno ar ôl cyrraedd adref, llugoer a dweud y lleiaf oedd ei ymateb.

'Be? Hwn yn canu'n broffesiynol?' chwarddodd dros y lle. 'Yn ei freuddwydion ella. Pwy fysa'n talu i wrando ar rwbath fatha hwn yn canu? A dim ffiars o beryg dwi'n talu am wersi canu. Gewch chi roi'r syniad gwallgo yna allan o'ch penna rŵan, y munud 'ma. Dim ffiars o beryg ma mab i fi yn mynd i botsian efo ryw ganu a'r lol yna i gyd. Ma gin ti ddyfodol yn barod, washi. Yn y siop efo fi. A dyna ei diwedd hi.'

'Ond dwi ddim isio gweithio mewn siop. Dwi ddim isio rhedeg eich blydi siop chi! Sawl gwaith ma rhaid i mi ddeud?

Sgin i ddim diddordeb yn eich busnes chi. Canu dwi isio'i neud!'
protestiodd Michael. Y tro cyntaf a'r tro diwethaf iddo godi ei
lais yn erbyn ei dad.

'Glyn!' gwaeddodd Menna, o ganlyniad i'r gelpan a
dderbyniodd ei mab ar draws ei foch. Soniwyd byth wedyn am
ganu na gwersi canu yn y tŷ. Ymneilltuodd Michael i'w stafell
wely fwy a mwy gan brin dorri gair â'i dad wedi hynny.

Roedd y ffaith na chafodd Michael ddilyn gyrfa fel canwr yn
loes calon fawr i Menna. Teimlai'n rhannol gyfrifol. Dylai hi
fod wedi sefyll i fyny i Glyn. Fe wnaeth hi ystyried defnyddio
ychydig o'r pres howscipin roedd hi'n ei gael yn wythnosol i dalu
am wersi canu. Ond gwyddai'n iawn y byddai yna ganlyniadau
pan fyddai Glyn yn ffindio allan. A mi fyddai'n siŵr o ffindio
allan. Toedd ganddo fo glustiau a llygaid ym mhob man?

Diwrnod ei ben blwydd yn un ar bymtheg cyhoeddodd
Michael ei fod yn bwriadu ymuno â'r RAF. Bu bron iawn i
Menna gael haint.

'Michael bach, be sydd wedi dŵad dros dy ben di? Y chdi? Yn
yr RAF? Yn sowldiwr?' meddai hi wedyn.

Wrth weld wyneb gwelw ei fam ar ôl sioc ei ddadleniad,
prysurodd Michael i'w chysuro. 'Ddim fel sowldiwr, Mam, ond
fel Communications Transport Specialist.'

'Be ma hynny yn ei feddwl?'

'Cael fy nhrenio i ddreifio pob mathau o gerbydau arbenigol
ac ati.'

'Cael ei ddysgu i ddreifio loris,' atebodd ei dad yn siort. 'Ella
fydd hynny ddim tu hwnt i'w allu fo.'

Roedd o'i go' ynglŷn â chynlluniau ei fab. Toedd yr arwydd
o flaen y siop yn datgan dyfodol ei fab yn glir? Groser Glyn
Williams a'i fab. Dyna oedd y drefn. Fel'na roedd hi wedi bod.
Fel'na fuodd hi hefo'i daid a'i dad, a'i dad ac yntau. Ac fel yna

roedd hi fod efo'i fab ac yntau. Ond dyna be oedd o'n ei gael am roi ei wyau i gyd yn yr un fasged. Roedd o'n dyfaru reit aml ei fod wedi cael y snip. Dyfaru nad oedd yna ffrwyth arall yn bodoli o'i lwynau, yn hytrach na dim ond y llipryn da i ddim yma oedd ganddo. Ond eto, mi allai pethau fod yn waeth meddyliodd wedyn. Ymuno â'r RAF oedd o, ddim ymuno â rhyw blincin syrcas.

Ar ôl i'r ddau gael cefn Glyn, wedi iddo fynd i gadeirio un o'i bwyllgorau diflas, eisteddodd Michael wrth ochr ei fam ar y soffa. Sychodd hithau'r dagrau oedd yn mynnu cronni yn ei llygaid wrth feddwl am ei hogyn bach mewn lifrau a beret am ei ben.

'Ma'n rhaid i mi fynd o 'ma, Mam. Fedra i ddim diodda mwy. Fedra i ddim byw dan yr un to â fo.'

Felly ac yntau yn un ar bymtheg oed, gadawodd Michael gartre. Ymunodd â'r RAF, ddim er mwyn hyfforddi'n filwr ac ymladd dros ei wlad, ddim er mwyn cael cyfleoedd i deithio'r byd a chael profiadau newydd chwaith. Ymunodd er mwyn dianc. Dianc o grafangau'r bwli o dad oedd ganddo. Faddeuodd Menna erioed i Glyn.

'Pam wnaethoch chi roi gora iddi, 'ta?'

Torrodd cwestiwn Richard ar ei meddyliau.

'Mae'n ddrwg gin i? Mae'n swnllyd braidd 'ma,' smaliodd Menna nad oedd hi wedi clywed cwestiwn Richard.

'Pam wnaethoch chi roi gora i ganu? Chdi a Jan a'r ferch arall?'

'Wel, mae'n stori hir… lot o resymau, deud y gwir.'

'Come on! For old times sake,' torrodd llais uchel Jan ar ei thraws. Roedd hi wedi codi ar ei thraed. 'Dewch… Ia… Chi'ch dau hefyd,' meddai gan droi at Richard a Menna, 'Dewch i ganu.'

Doedd dim rhaid iddi ddweud dwywaith wrth Gloria a Neil. Roedd y ddau ar eu traed ac yn brasgamu i gyfeiriad y llwyfan cyn gyflymed ag y mae hi'n gymryd i gân Ed Sheeran gyrraedd rhif un.

'Dowch yn eich blaena,' meddai hi eto wrthyn nhw. 'Peidiwch chi â meddwl eich bod chi'n mynd i ga'l get awê arni.'

Cododd Menna'n anfoddog, gan giledrych ar Richard yn dal i eistedd yn ei sedd.

'Fedra i ddim canu nodyn, ma arna i ofn. Neil gafodd y *genes* canu i gyd.'

'Be haru ti! Ma pawb yn medru canu siŵr! Tyd 'laen,' meddai Jan, yn gwrthod derbyn 'na'.

Ond dal i ysgwyd ei ben dan wenu wnâi Richard. 'Mi wna i dynnu'ch lluniau chi.'

Roedd hynny yn gyfaddawd oedd i weld yn plesio Jan.

Wrth i'r pedwar forio cytgan cân y Beatles 'I get by with a little help from my friends', roedd Menna'n ymwybodol iawn bod llygaid Richard wedi'u hoelio arni. Wrth iddo dynnu eu lluniau efo'i ffôn symudol, gwenodd arni mewn anogaeth a gwenodd hithau'n ôl arno. Ew, mi roedd hon wedi troi allan i fod yn noson gwerth chweil, meddyliodd.

Islands in the stream
That is what we are
No one in between
How can we be wrong
Sail away with me
To another world
And we rely on each other, ah ha
From one lover to another, ah ha.

Deffrodd Menna. Roedd y freuddwyd wedi'i deffro o'i thrwmgwsg. Roedd hi 'nôl ar lwyfan y bar yn canu o'i hochr hi, 'Islands in the Stream', y ddeuawd a ganwyd gan Dolly Parton a Kenny Rogers. Ond yn y freuddwyd, y hi ac nid Dolly, oedd yn canu efo Kenny.

Ond yng nghanol y gytgan olaf, digwyddodd rhywbeth rhyfedd iawn, trawsnewidiwyd Kenny i fod yn Richard, a fo bellach oedd yn canu wrth ei hochr, yn gwenu arni ac yn gafael yn dynn yn ei llaw. Y ddau'n cydganu'n berffaith fel Rosalind a Myrddin erstalwm. Daeth y gân i ben, roedd y gynulleidfa ar eu traed, yn cymeradwyo'n frwd. Ond nid yn y clwb bach carioci roedden nhw bellach, dyna lle roedd Richard a hithau yn rhoi bow ar lwyfan yr Albert Hall, ddim llai. Trodd Richard i edrych arni, plygodd ei ben ymlaen a'i chusanu a dyna pryd ddeffrodd Menna. Roedd hi'n chwys domen dail, ond ddim hot fflysh roedd hi wedi'i gael, roedd y rheini wedi hen basio ers blynyddoedd lawer.

Be haru ti, ceryddodd ei hun. Dynes yn dy oed a dy amser yn breuddwydio'n wirion fel hyn? Cywilydd arnat ti, Menna, callia. Tydi Glyn prin wedi oeri a dyma ti yn breuddwydio am ddyn arall. Diolchodd i'r drefn eu bod nhw'n mynd adre y diwrnod hwnnw, doedd dim dwywaith fod y gwres a'r haul yn dechrau effeithio arni.

Caeodd ei llygaid a cheisiodd fynd 'nôl i gysgu, ond roedd y rhuadau chwyrnu o'r gwely drws nesa yn gwneud hynny'n gwbl amhosib.

'Jan!... Jan!' sibrydodd yn uchel ar ôl dioddef hanner awr a mwy o'r rhochian.

Dim ymateb.

Cododd Menna a chamu draw at wely ei ffrind. Dechreuodd ei phwnio'n ysgafn. Dim ymateb. Roedd fel trio deffro un o'r meirw. Pwniodd Menna'n galetach.

'Mmm... Be sy?' mwmiodd un o'r saith cysgadur.

'Ti'n chwyrnu.'

'Ydw i?... Feri sori...'

Munudau o dawelwch braf wedyn. Ond fel roedd Menna ar fin mynd i gysgu:

'Hei,' meddai'r llais o'r gwely arall.

'Be?' gofynnodd Menna'n reit siort.

'Mi fysa'r Richard 'na yn gneud yn iawn i chdi.'

Cyn iddi gael cyfle i ymateb i'r sylw, trodd Jan ar ei hochr gan daro andros o rech cyn ailafael yn ei chwsg. Gwyddai Menna y byddai hi fel cadach yn y bore ar ôl yr holl Cava a'r diffyg cwsg. Caeodd ei llygaid ond ni ddaeth llonyddwch i'w rhan. Mynnai wyneb Kenny Rogers ymwthio i'w meddyliau. Kenny Rogers a'i lygaid glas, ei wallt claerwyn a'i wên.

Sŵn plant yn rhedeg ar hyd y coridor ddeffrodd Menna. Edrychodd ar ei ffôn bach. Roedd hi bron yn un ar ddeg! Roedd brecwast wedi hen orffen. Roedd y bws yn casglu'r ddwy am hanner dydd i'w hebrwng i ddal yr awyren. Doedd Menna erioed wedi cysgu mor hwyr. Dim ond digon o amser i orffen pacio oedd ganddi; mi fyddai rhaid iddyn nhw gael rhywbeth i'w fwyta yn y maes awyr. Diolch byth ei bod hi wedi pacio'r rhan fwyaf o'i phethau neithiwr cyn swper. Ond cofiodd nad oedd Jan wedi dechrau pacio eto. Neidiodd o'i gwely.

'Jan, cod! Deffra! Mae hi'n un ar ddeg!' gwaeddodd ar ei ffordd i'r stafell molchi am gawod sydyn.

Pan ddaeth Menna o'r gawod doedd Jan ddim wedi symud yr un fodfedd. Gorweddai ar ei hochr yn wynebu'r ffenest a'i chefn tuag at Menna. Aeth Menna ati a dechrau ei phwnio'n ysgafn.

'Jan, deffra, ma hi'n ddeg munud wedi un ar ddeg!'

Dim ymateb.

Ochneidiodd Menna. Welodd hi neb fel Jan am gysgu mor drwm. Pwniodd hi eto.

'Jan! Deffra!'

Dim ymateb.

'Jan!'

Beth oedd yn bod arni? Rhuthrodd draw i ochr arall y gwely. Yna sylwodd fod 'na rhyw wedd od, ddi-liw ar wyneb ei ffrind. Llyncodd Menna ei phoer a rhoddodd ei bol dro. Roedd rhywbeth o'i le. Rhywbeth mawr o'i le.

Ymbalfalodd o dan y gynfas am fraich Jan, gan afael yn ei harddwrn oer. Methodd gael hyd i byls. Cythrodd i'w gwddw. Rhoddodd ddau fys crynedig ar wddw Jan, ddim yn bell o'i pheipen wynt, fel roedd hi wedi gweld rhyw baramedig bach yn ei wneud ar *Casualty* un tro. Dim byd.

'Jan... Jan!...' gwaeddodd ar ei ffrind yn ffrantig. Doedd hi'n gallu teimlo dim byd. 'O, Dduw, na.'

Cês oedd hi

WELODD YR AMLOSGFA gynhebrwng tebyg. Roedd y lle dan ei sang. Daeth y galarwyr o bell ac agos, ond o bell ran fwyaf. Ers ben bore, bu jets preifat rif y gwlith yn glanio ym maes awyr Fali. Cymaint oedd y galw am docyn trên dosbarth cyntaf o Lundain i Fangor, roedd y cwmni trenau wedi gorfod trefnu dau gerbyd dosbarth cyntaf ychwanegol. Roedd hi fel noson yr Oscars ar blatfform Bangor y bore hwnnw. Roedd y sêr i gyd yno. Pan neidiodd Jimmy Tarbuck i mewn i sedd gefn ei dacsi, a Billy Connolly yn dynn ar ei sawdl, roedd y gyrrwr yn methu credu ei lygaid a bu ond y dim iddo daro bolard ar ei ffordd allan o'r stesion. 'Calm down, mate, we only want to visit the fucking crematorium,' datganodd Billy o'r sedd gefn.

Gwyddai Menna fod Jan yn adnabod pawb ond wyddai hi ddim ei bod hi'n adnabod cymaint o sêr a selebs chwaith. Roedd hi'n amlwg fod ganddynt hwythau dipyn o feddwl ohoni hithau iddyn nhw fynd i drafferth i drampio yr holl ffordd i ogledd Cymru ar fore braf ond rhewllyd o Dachwedd. Yn wir, roedd rhywun oedd yn rhywun ym Mangor y diwrnod hwnnw. Syllai Menna'n gegagored wrth weld Roger Daltrey yn ysgwyd llaw'n gynnes efo Michael Caine ac ar Joanna Lumley yn cael ffag fach slei cyn mynd i mewn i'r gwasanaeth. Siaradai David Bailey a Dafydd Iwan bymtheg y dwsin efo'i gilydd, y ddau Dafydd fel petaent yn adnabod ei gilydd ers erioed. Felly'n union y gwelwyd Tom Jones a Hywel Gwynfryn, y ddau i weld mewn trafodaethau mawr. Wrth basio, clywodd Menna Hywel yn cynnig ysgrifennu cofiant Tom, broliodd ei fod yn hen law ar sgwennu cofiannau sêr Cymru. Roedd Tom i weld reit cîn. Sylwodd Menna fod llygaid Myrddin ac Arwel Hogia'r Wyddfa a Richard Branson yn goch fel ei rhai hithau, ac edrychai hyd yn oed Joan Collins yn ddigon pruddglwyfus yn ei het fawr ddu oedd ddigon mawr i alw chi arni.

Fe dalodd Judi Dench deyrnged hyfryd i Jan a digon hawdd gweld sut y bu iddi ennill yr holl wobrau BAFTA ac ati. Siaradai o'r galon heb unrhyw fath o bapur o'i blaen. Roedd sylw pob enaid byw yn yr Amlosgfa wedi'u hoelio arni. Daeth lwmp mawr i wddf Menna pan darodd ei llygaid ar y tatŵ ar ei harddwrn, a'r geiriau *carpe diem* i'w gweld yn glir. Ciledrychodd ar ei harddwrn hithau, ar y rhosyn bychan, yn gofnod parhaol o'i hamser yn Gran Canaria efo'i ffrind. Cyffyrddodd yn ysgafn yn y tatŵ a mynnodd y dagrau ymwthio i'w llygaid unwaith eto. Roedd hi'n dal yn methu credu bod Jan wedi marw. Un funud roedd hi'n chwyrnu'n braf yn y gwely drws nesaf iddi, yn ei chadw ar ddi-hun, a'r funud nesaf...

Trawiad anferth oedd canlyniad y *post mortem*. Yr un peth ag achosodd y farwol i Glyn. Ond mai chwyrnu cysgu'n braf yn ei gwely roedd Jan yn hytrach na boncio ffwl pelt.

Roedd Menna wedi diolch ddegau o weithiau mai *package deal* oedd y gwyliau. Neu Duw a ŵyr be fyddai hi wedi'i wneud a sut y byddai wedi ymdopi mewn gwlad dramor bell ar ei phen ei hun efo corff. Trefnodd y rep gwyliau bob dim, chwarae teg, a hedfanodd Hywel a Derec allan ati ar y ffleit cyntaf. Fel *next of kin* Jan, cymerodd Hywel yr awenau wedyn, er ei fod yntau wedi cael coblyn o sioc yn ymadawiad disymwth ei chwaer.

Ciwio am baned yn y te angladd oedd hi pan glywodd Menna wylofain a rhincian dannedd o'r mwyaf y tu ôl iddi. Pan drodd ei phen i weld pwy oedd yn gyfrifol am y cnadu, aeth hi'n nos arni. Roedd hi wedi cael ei lapio mewn rhyw gêp mawr du.

'Oh, Menna, my poor, poor love!' ebychodd perchennog y clogyn. 'Such a shock for you, it was a shock for us! To think just a few hours earlier we were laughing and singing together. We can't believe it, we just can't. Life is so, so, cruel. I can't belive that she's gone.' Pan ryddhawyd Menna o'r diwedd, safai Gloria o'i blaen a'r dagrau'n llifo, fel ei masgara, i lawr ei hwyneb leiniog lledr.

'We loved Jan so, so much,' ategodd Neil wedyn, ei dro yntau i roi coflaid dynn i Menna a'i afftyrshef cryf bron â chodi pwys arni.

Ciledrychodd Menna y tu ôl i Neil, yn hanner gobeithio y byddai Richard yno hefo nhw. Byddai wedi bod yn braf ei weld unwaith eto. Ond, wrth gwrs, doedd dim golwg ohono fo. Doedd dim rheswm yn y byd iddo fod yn yr angladd a fynta yn un o'r ychydig rai nad oedd yn adnabod Jan.

Ysai Menna i holi'r ddau amdano. Ond nid cnebrwng ei ffrind oedd y lle. Yn hytrach, diolchodd i'r ddau'n gryg am ddod yr holl ffordd o Gran Canaria bell. Gwyddai y byddai Jan wedi gwerthfawrogi hynny'n fawr iawn.

A dweud y gwir, gwyddai y byddai Jan wedi gwirioni efo'i hangladd. Ategodd Hywel y farn honno pan ddaeth ei thro hi i ysgwyd ei law, ar ôl ciwio am hydoedd ymysg y fintai ar ddiwedd y gwasanaeth.

'Fysa Jan wrth ei bodd fod 'na cymaint wedi dŵad. Ac yn bwysicach, pwy oedd wedi dŵad,' meddai, gan roi nod i gyfeiriad y Fonesig Joan.

'Gwasanaeth neis iawn a chanu da. Ond tydi rhywun yn disgwyl dim llai, nachdi, pan ma gen ti Dafydd Iwan, Tom Jones a Myrddin ac Arwel yn morio canu "How Great Thou Art",' datganodd Audrey, cyfnither Jan wrthi yn y ciw hirfaith am fechdanau samon. Roedd honno'n cael modd i fyw yn ei hobnobio hi ac yn cyflwyno ei hun fel 'Jan's cousin' pob gafael.

Ar ôl yfed dwy baned o de, a bwyta bechdan samon a thafell o deisen frith, ysai Menna i fynd adre. Doedd hi ddim yn un am ryw hen fân siarad, yn enwedig mewn cynhebryngau. Fel roedd hi'n camu i gyfeiriad Hywel a Derec, er mwyn ffarwelio efo'r ddau, clywodd rywun yn galw ei henw.

'Menna, sut wyt ti? Dwi ddim wedi dy weld ti ers blynyddoedd.'

Trodd rownd a gwelodd wraig fechan fusgrell, ei gwallt wedi britho yn sefyll o'i blaen a gwên fawr lydan ar ei hwyneb gwelw. 'Sut wyt ti? Ti'n cadw'n iawn?'

Er mawr embaras iddi, doedd gan Menna ddim mo'r syniad cyntaf pwy oedd hi. Ond roedd y hi yn amlwg yn ei hadnabod hi'n iawn.

'Dorothy,' cyflwynodd ei hun. 'Roedden ni yn rysgol efo'n gilydd?' meddai'r wraig, yn amlwg wedi synhwyro nad oedd Menna yn ei chofio hi.

'Dorothy?' Camodd yn agosach at y wraig er mwyn craffu arni'n fanylach. 'O mam bach, 'nes i ddim dy nabod di am funud bach.'

Yn anffodus doedd y blynyddoedd ddim wedi bod yn glên iawn efo'r hen Dot druan. Edrychai ei hoed os nad mwy, a doedd ei dillad di-siâp hen ffasiwn a'r gwallt set tynn a'i hwyneb digolur yn gwneud dim ffafrau iddi chwaith. Atgoffai Menna ohoni hi ei hun cyn marwolaeth Glyn.

'Mi nesh i dy nabod di'n syth. Ti heb newid dim.'

'Sut wyt ti? Ti'n cadw'n iawn?' gofynnodd Menna.

Eiliadau ar ôl iddi ofyn y cwestiwn dyfarodd yn syth. Cofiodd sut un oedd Dorothy yn yr ysgol. Roedd 'na wastad ryw anhwylder neu'i gilydd arni. Byddai'n cwyno efo annwyd, peswch, cur yn ei phen neu ddolur gwddw rownd ril. Doedd neb yn cael crampiau misol mor boenus na llif trymach na Dorothy. Byddai'n colli'r ysgol yn rheolaidd, neu byddai'n ymneilltuo i stafell y nyrs i orweddian. Ond daeth hynny i ben yn ddisymwth pan sylwodd y nyrs graff fod misglwyf Dorothy wedi dechrau landio bob pythefnos. Pan fyrstiodd ei ffendics yn fform ffeif, broliodd efo balchder ei bod hi bron iawn wedi cael peritonitis, ac yn wir gallai rhywun synhwyro bod yr hen Dot damaid bach yn siomedig na chafodd hi mohono.

'Go lew, sdi. Wel, dwi damaid bach gwell na be dwi wedi bod.'

Pan sylweddolodd Dorothy nad oedd Menna'n mynd i ofyn beth oedd yn bod arni, wastraffodd hi ddim amser yn gwirfoddoli'r wybodaeth. 'Saiatica. Mae o mor ddrwg, 'te, mae o wedi achosi *nerve damage*. Peth prin iawn, meddan nhw.'

'Taw.'

Ond dim ond megis dechrau rhestru ei anhwylderau oedd yr hen Dot.

'A dwi'n diw am glun newydd. Ond wn i ddim pa bryd ga i un chwaith. Fues i'n disgwyl dros ddwy flynedd am un i'r goes dde 'ma. Tair gwaith gafodd yr op ei chanslo cofia. Tair gwaith.'

'Fyddi di fel ebol blwydd wedyn,' cysurodd Menna hi'n galonnog.

'Wel, wn i ddim am hynny, 'te. Dwi'n disgwyl cael gneud y ddau ben-glin hefyd, ond disgwyl fydda i ma'n siŵr.'

'O, ddrwg iawn gen i glywed.'

'Dwi ddim yn dreifio ers chwe mis chwaith. Gin i *macular degeneration*, fy ngolwg i'n mynd. Mi ddoth Anwen y ferch â fi heddiw chwarae teg iddi. Er tydi honno ddim wedi bod yn dda ei hun, *cyst* fel melon ar ei hofari hi.

'Taw â deud.'

'Ond o'n i'n benderfynol mod i'n dŵad heddiw. O'dd gin i feddwl mawr o Jan. Fuodd hi'n ffeind iawn efo fi yn rysgol. O'dd hi wastad efo tabledi i ladd poen. O'n i'n ca'l rhai ganddi hi pan o'dd *period* fi'n ddrwg iawn.'

Gwenodd Menna. Cofiai'r tabledi'n dda. Tabledi Altoids oedden nhw. Hwrjai Jan y mints cryf ar Dot bob tro y byddai'n cwyno efo poenau misglwyf. Pan fyddai Dot yn datgan fod yna flas mints arnyn nhw, byddai Jan yn dweud wrthi, gan wincio ar Menna, bod angen y mint i guddio'r blas afiach oedd ar y dabled go iawn. Llyncai Dorothy'r dabled a'r stori bob tro.

'Oedd, ffeind iawn chware teg. Y peth lleia 'swn i wedi medru ei neud oedd dŵad i dalu'r gymwynas ola iddi a hithau wedi bod mor ffeind efo fi. Ag o'n i ag Anwen isio dŵad i weld pwy fysa wedi troi fyny. Doedd hi fatha *who's who* yn y Crem 'na, dwa? Mi gafodd Anwen lofnod Joan Collins a Hywel Gwynfryn.'

'Wel, neis iawn dy weld ti eto, Dorothy a...'

'Ddrwg iawn gin i glywed am Glyn hefyd. Fuodd o'n wael yn hir iawn?'

'Naddo. Trawiad gafodd o.'

'Trawiad, ia. O, sioc i chdi dwi'n siŵr. Ond well o lawer yn y pen draw, sdi. Does 'na ddim byd gwaeth na gweld rhywun yn lingro. Fuodd Hefin, y gŵr 'cw, yn wael am dair blynedd gen i. Tair blynedd. Ei weld o'n mynd lawr allt bob dydd. Dim byd gwaeth. O'dd o'n fendith ei fod o wedi cael mynd yn diwedd.'

'Reit, wel, ma'n well i mi...'

'Tydi pawb yn gadael ni? Dwi ofn agor y *Daily Post* wedi mynd, yn enwedig ar Ddydd Sadwrn. Dwi'n nabod rhywun sydd wedi marw ynddo fo bron bob tro. Ma gin i stoc o gardiau cydymdeimlad yn tŷ 'cw, a tawn i'n marw, dwi'n postio cardyn i rywun bob wsnos,' meddai'r deryn corff.

'Reit, well i mi fynd i ddeud ta-ta...'

'Ti'n dal i fyw yn yr un lle? Yr hen dŷ mawr 'na ar dop yr allt? 'Ta w't ti wedi symud i le llai ar ôl colli Glyn?'

'Dal yn yr un lle.'

'Ia, ma'n anodd gollwng gafael, tydi. Er, symudes i i fyngalo pensiynwyr ar ôl colli Hefin. Handi cofia. Bob dim wrth law. A dwi'n cael *meals on wheels*. Stad Glan y Llyn. Nymbar sics. Cofia alw am banad. Ma rywun gallu bod ddigon unig er ei fod o yng nghanol pobol, tydi?'

'Fyddai'n siŵr o neud. Wel, neis iawn dy weld ti eto.'

'A chditha. Biti ei fod o dan amgylchiadau mor drist... Jan druan. Cês oedd hi, 'de. Oeddet ti, hi a Sandra ddim yn arfer bod mewn grŵp efo'ch gilydd?'

'Oedden.'

'Sandra druan wedi'n gadael ni hefyd, tydi? Ers blynyddoedd rŵan. Canser drwyddi, doedd, y beth bach. Cofio mynd i'w gweld hi. O'n i wedi styrbio drwydda.'

'Rhaid i chdi esgusodi fi, Dorothy...'

'Be o'ddech chi'n galw'ch hunain 'fyd? Y Blodau neu rywbeth?'

'Petalau.'

'Petalau! Ia siŵr, cofio rŵan. Fuoch chi ar y telifision unwaith hefyd, do?'

'Do.' Ceisiai Menna ei gorau glas i ddal llygaid Hywel.

'Naethoch chi ddim para'n hir iawn, naddo. Cofio Dad yn deud pan welodd o chi'n canu mewn rhyw gonsart, "Tair o betha bach ddigon del ond lleisia canu cachu."'

'Wel... Neis dy weld ti eto, Dorothy.'

'Cofia alw draw 'cw. Nymbar sics.'

'Siŵr o neud,' meddai Menna, gan wybod yn iawn na fyddai hi'n cadw at ei gair.

Diolch byth fod hwnna drosodd, meddyliodd wrth iddi yrru adre. Doedd hi ddim wedi bod yn edrych ymlaen at heddiw o gwbl. Llyncodd ei phoer a phigodd y dagrau'n boeth yn ei llygaid unwaith eto. Sut oedd hi'n mynd i ymdopi heb Jan? Jan oedd wedi ei helpu i ddod o hyd iddi hi ei hun unwaith eto. Yr hen Menna, y Menna go iawn. Pan laniodd Jan ar ei stepen drws y diwrnod hwnnw, yn sŵn ac yn lliw i gyd, roedd fel dos o awyr iach. Roedd ganddi hiraeth amdani'n barod. Hiraeth am ei chwmnïaeth, ei chyngor, ei chwerthin. Doedd 'na neb fatha hi. Diolch byth ei bod wedi dod yn ôl i'w bywyd hi, er cyn fyrred oedd hynny. Oedd, mi roedd o'n wir, y rhai gorau sydd yn mynd gyntaf. Mi fyddai Dot, er gwaethaf ei holl anhwylderau a'i chwyno, fyw hyd nes y byddai hi'n gant, beryg. Wel doedd Menna ddim yn mynd i fod fel honno. Daeth geiriau Jan yn ôl i'w meddwl:

'Ma gin ti dy iechyd, ma gin ti dy farblis i gyd, felly paid â gwastraffu hynny o amser sydd gin ti ar ôl. Gwna betha, dos i lefydd. Paid ag ista ar dy din adra yn yr hen dŷ mawr 'na yn gneud dim byd ond paratoi at y diwedd.'

Roedd Menna wedi penderfynu. Un peth y gallai hi ei wneud fel teyrnged i'w ffrind oedd byw. Olreit, falla ei bod hi yn hwyr ddydd ei hoes, ond doedd hynny ddim yn golygu bod rhaid iddi eistedd adre yn gwneud dim byd ond darllen y tudalennau *hatch, match and dispatch* ac yn aros am uchafbwynt yr wythnos yn mynychu cynhebryngau pobol eraill. O hyn allan roedd hi'n mynd i fyw fel y byddai Jan wedi dymuno iddi fyw. Ar ôl cyrraedd adre roedd hi'n mynd i dynnu'r ffrog ddu syber a'r esgidiau sodlau patent du a newid i rywbeth lot fwy

cyfforddus. Wedyn roedd hi'n mynd i wneud jin a tonic iddi ei
hun, un mawr. Tra roedd hi'n yfed hwnnw roedd hi am fynd
ar y we a bwcio trip i Amsterdam – i weld y tiwlips. Na, dim
Amsterdam, meddyliodd wedyn. Gwell fyddai gohirio ei thrip i
fanno, fyddai'r tiwlips ddim yn blodeuo tan y gwanwyn. Gallai
fwcio trip i rywle arall yn y cyfamser. Rhufain falla? Fenis? Na,
lle budur oedd hwnnw yn ôl Jan. Rhywle poeth, meddyliodd.
Ia, rhywle efo haul. Ynys yn Groeg falla? Roedd fanno yn ddigon
da i Shirley Valentine, toedd? Oedd hi'n boeth yno yr adeg yma
o'r flwyddyn? Ynys arall yn y Canaries falla? Ysai i gyrraedd
adre iddi gael dechrau chwilio.

Wrth iddi droi'r car i mewn i Benrallt, dychrynodd am ei
bywyd. Be aflwydd oedd yn mynd ymlaen? Roedd lori fawr
wen hefo Reynolds Removals wedi'i sgwennu mewn coch ar
ei hochr wedi'i pharcio'n flêr ar y graean, yr olwynion blaen
ar y gwair. Roedd dynion yn dadlwytho dodrefn o'i chefn a'u
cario'n dalog i mewn i'r garej.

Neidiodd o'i char yn wyllt a brasgamu i gyfeiriad y lori. Wrth
iddi nesáu clywodd sŵn cŵn yn iapian a chwyrnu arni. Buan
iawn y cafodd hi wybod pwy oedd piau nhw.

Yn eistedd ar ben y wal fach o flaen y tŷ, yn ei dagrau yn
mwytho dau gi bach, oedd Carol. O gefn y lori ymddangosodd
Michael yn chwys drybola yn trio helpu'r dynion i gario matras
gwely *king size* i'r garej.

'Michael? Be ar wyneb y ddaear sy'n mynd ymlaen?'
gofynnodd yn syn.

'Ma Gwyndaf a Llinos wedi gwahanu. Ffoniodd o i ddeud pan
oeddan ni newydd fynd drwy Carno,' chwythodd Michael.

'Ma fe wedi ca'l cic owt,' ategodd Carol drwy ei dagrau. 'Wel,
fe o'dd e'n mocha 'da'r ferch arall 'ma ers sbel.'

'Ond be sy gan hynny i neud efo'ch chi'ch dau?' holodd

Menna ar goll yn lân. 'A pham dach chi'n mynd â'ch dodrefn i 'ngarej i?'

'Tydi'r tŷ ddim ar gael rŵan, nachdi.'

'Pa dŷ?'

Beth oedd yn bod ar y ddynes wirion? meddyliodd Carol. Oedd raid iddi fod mor ddiddeall? 'Y tŷ o'n ni fod i rentu wrtho fe yn Mochtown.'

'Mochdre!' cywirodd Michael ei wraig yn ddifynedd.

Anwybyddodd Carol Michael ac aeth yn ei blaen, 'Ma fe wedi symud miwn 'na ei hunan nawr!'

'Felly does gynnon ni nunlla i fyw,' pwysleisiodd Michael i wneud yn siŵr bod ei fam wedi dallt difrifoldeb sefyllfa'r ddau.

O'r mawredd! Hefo marwolaeth Jan a phob dim doedd Menna'n cofio dim mai heddiw oedd y diwrnod mawr. Y diwrnod pryd roedd Michael a Carol yn mudo i'r gogledd. Gan fod yr holl beth wedi digwydd mor sydyn roedd y ddau wedi trefnu i rentu tŷ Gwyndaf, hen ffrind ysgol Michael oedd yn berchen ar dŷ ym Mochdre tra roeddynt yn chwilio am dŷ eu hunain. Comiwt perffaith i Carol ar gyfer ei joban newydd.

'Dwi wedi bod yn trio eich ffonio chi trwy'r bora. Ond o'dd eich ffôn chi ffwrdd, fel arfer,' harthiodd Michael, yn gwegian o dan bwysau'r fatras *premium form*.

'Sdim pwynt i chi ga'l ffôn os yw e wedi'i switso bant, Menna,' ceryddodd Carol. Roedd hi'n ypsét, yn flin ac yn oer. Ac yn bwysicach, yn ddigartref.

'Lle dach chi 'di bod?' chwythodd Michael a'i wyneb yn fflamgoch.

'Cynhebrwng Jan.'

'Heddiw o'dd cynhebrwng honno? Arglwy, ma'r graduras wedi marw ers wsnosa.'

'O'dd petha lot fwy cymhleth ac yn cymryd hirach, toedd, am ei bod hi wedi marw fel y gwnaeth hi dramor a ballu.' Camodd Menna ar ôl Michael, y dynion a'r fatras. 'Michael... Does 'na ddim lle yn y garej i'r holl ddodrefn 'ma.'

'Fydd raid i ni jyst ffeindio lle felly, bydd?' Roedd Michael bron iawn â cholapsio dan bwysau'r fatras. 'Symudwch o'r ffordd, wir.'

Roedd holl hunllef y diwrnod wedi dweud yn o arw ar ei mab. Roedd o'n fyr iawn ei dymer erbyn hyn ac i wneud pethau hyd yn oed yn waeth, roedd o ar ei gythlwng. 'Pam na ewch chi i neud panad neu rwbath? Tydan ni ddim wedi cael dim byd i f'yta ers amser brecwast,' hintiodd, yn y gobaith y byddai ei fam yn coginio sgram i'r tri i de.

'Ond be dach chi'n mynd i neud rŵan? Efo'r tŷ?'

'Fydd rhaid i ni aros efo chi, bydd? Hyd nes y byddwn ni wedi cael hyd i rwla arall i fyw.'

Lwcus iawn

AR BRYNHAWN BRAF yn niwedd Tachwedd y landiodd Michael, Carol, Sophie a Chantal ym Mhenrallt. Roedd hi bellach yn bnawn glawog, hyll yn niwedd mis Chwefror a Michael, Carol, Sophie a Chantal yn dal ym Mhenrallt.

Fuodd ei pheiriant golchi erioed mor brysur. A fuodd Menna erioed mor brysur yn golchi dillad chwaith. Byddai Michael a Carol yn gadael eu tywelion gwlyb a'u dillad budur yn y fasged a honno'n llawn i'r ymylon. Yno y caent fod oni bai y byddai Menna yn eu taclo nhw.

'Wir nawr, o'dd ddim ishe i chi, Menna,' meddai Carol wrthi un noson, ar ei ffordd allan am neit owt eto fyth efo criw o'r banc. 'Fydde Michael a finne 'di neud y golch wicend 'ma.'

Gwyddai Menna'n dda y byddai'r *utility* a'r gegin fel londri Afonwen petai Carol a Michael yn gadael eu pethau budron tan y penwythnos. Roedd hi wedi gwneud dau olch oedd yn perthyn iddyn nhw'n barod a hithau ond yn nos Fawrth. Welodd hi rai tebyg am dynnu gwaith golchi a defnyddio cymaint o dywelion. Doedd ei hwfyr ddim yn segur fawr ddim chwaith hefo'r ddau Pomeranian yn colli eu blew rownd ril. Âi Menna trwy fagiau hwfyr fel petaen nhw'n mynd allan o ffasiwn.

Yn ôl yn niwedd Tachwedd, cysurai ei hun mai trefniant dros dro oedd hyn ac y byddai'r pedwar wedi hen godi eu pac cyn y Nadolig. Ond cafodd yr awgrym cyntaf bod eu harhosiad yn bell o fod yn un byr dymor pan welodd Michael a dau fêt iddo rhyw fore Sadwrn, yn straffaglu i gario'r fatras *premium form* o'r garej i fyny'r grisiau.

'Cefn Carol yn brifo efo'r llall,' chwythodd Michael wrth i'r tri gael trafferth mawr manwfrio'r fatras rownd gongl y grisiau.

Er chwilio a chwilio, doedd yr un tŷ'n plesio ar gyfer ei rentu heb sôn am ei brynu. Roedd y gegin yn rhy fach, y lolfa yn rhy dywyll, yr ardd yn rhy fawr, gormod o waith gwario ar y tŷ, y llofftydd yn rhy fach, doedd yr olygfa o'r ardd gefn ddim yn plesio, roedd y tŷ rhy bell o unrhyw siop, doedd Carol ddim yn licio golwg y cymdogion, hynny yw, roedd yna ormod o botiau blodau yn eu gardd (peth coman iawn, yn ôl Carol), neu doedd mêc eu car ddim yn plesio. (Yn ôl Carol, roedd gyrwyr ceir Audi neu Mercedes yn dangos dosbarth gwell o berson, a dyna'r math o bobol roedd hi a Michael yn deisyfu eu cael yn gymdogion iddyn nhw.)

Fel yr âi'r wythnosau a'r misoedd yn eu blaenau, roedd yr ymweliadau tai yn mynd yn brinnach ac yn brinnach. Ar eu ffordd adre ar ôl *viewing* siomedig arall eto fyth, gwawriodd ar Michael a Carol fod yr ateb wedi bod o flaen eu trwynau drwy'r adeg. I be yr aent i wario ar dŷ rhent, heb sôn am glymu eu hunain i forgais, a hwythau'n byw mewn tŷ mawr braf cyfforddus yn barod? Roedd yna gegin newydd sbon danlli ym Mhenrallt. Roedd y lolfa yn olau braf a newydd gael ei haddurno'n chwaethus, efo golygfeydd diguro o'r môr. Roedd maint yr ardd yn plesio, ddim rhy fawr ond eto ddim yn rhy fach. Digon o le i Sophie a Chantal gael prancio'n ysgafndroed Ac yn bwysicach na dim, Audi Q5 a Mini Cooper newydd sbon danlli oedd wedi'u parcio ar ddreif tŷ drws nesa.

Pam rhuthro i symud a gwario ar dŷ, a'r ddau'n byw fel brenin a brenhines ym Mhenrallt? Byddai swper ar y bwrdd yn disgwyl Michael o'i waith bob nos. Dechreuodd yr arferiad yma yn ystod yr ail wythnos. Roedd Michael, oedd ar ei gythlwng, wedi dod adra i oglau cyrri cyw iâr cartre ei fam. Doedd dim golwg o Carol, roedd hi'n bell wedi saith ar honno bron bob nos.

'Ew, oglau da 'ma,' medda fo, yn glafoerio a'i fol yn rymblian. 'Oes 'na ddigon i un arall?'

Doedd Carol ddim yn hidio fawr am swper, byw ar ryw *shakes* a dail oedd honno. Dim rhyfedd ei bod mor denau â rasel, meddyliodd Menna. Pan welodd hi Michael yn gwneud brechdan ham i swper a bîns ar dost noson arall, meddalodd ei chalon. Allai hi ddim gwylio ei mab yn cael ei lwgu. Ac felly, dechreuodd Menna ailafael yn yr hen arferiad hwnnw o wneud swper i ddyn y tŷ. Heblaw mai Michael oedd hwnnw bellach yn hytrach na Glyn.

Ers dyfodiad Michael, Carol a'u cŵn, roedd cynlluniau Menna i deithio, fel ei chynlluniau eraill, wedi mynd i'r gwellt. Ychydig wythnosau a hwythau ond newydd symud ati i fyw, soniodd wrthynt ei bod yn bwriadu mynd am drip siopa Dolig i Gaerdydd am ychydig ddiwrnodau. Wedi iddi bendroni fwy am y peth, teimlai fod hedfan dramor i wlad ddieithr ar ei phen ei hun braidd yn uchelgeisiol. Gwell fyddai aros ochr yma i'r dŵr ar ei thrip cyntaf. Felly talodd flaendal am drip penwythnos efo bws i Gaerdydd. Fel hyn gallai roi blaen ei throed yn y dŵr fel petai, gweld sut y byddai'n ymdopi ar ei phen ei hun ac a oedd hi'n mwynhau'r profiad. Er, cysurodd ei hun, mi fyddai hi'n siŵr o gyfarfod a chael cwmni rhywun ar y daith. Soniodd wrth ei lojars di-rent na fyddai hi o gwmpas yr ail benwythnos ym mis Rhagfyr.

'Ond fedrwch chi ddim mynd,' datganodd Michael fel bwled.

'Be ti'n feddwl, fedra i ddim mynd?' gofynnodd Menna iddo'n syn.

'Ni'n mynd i Marbella bryd 'ny,' ategodd Carol.

'Pa wahaniaeth ma hynny yn ei neud?'

'Be am Sophie a Chantal?'

'Be amdanyn nhw?'

'Pwy sy'n mynd i'w carco nhw?'

'Be dach chi'n arfer ei wneud pan dach chi'n mynd i ffwrdd? Rhowch nhw mewn cenels, 'de.'

'Cenels? Allwn ni ddim neud 'ny!' ebychodd Carol. Waeth bod Menna wedi awgrymu rhoi'r ddau gi bach i gysgu ddim.

'Pam ddim? Dyna be dach chi'n arfer ei neud, 'de.' Doedd y ddau ddim yn disgwyl iddi *hi* edrych ar ôl y ddau beth blewog iaplyd, siawns?

'Ond o'dd hynny pan o'n ni'n byw yn y de, on'd o'dd e?'

'Ia? A rŵan dach chi'n byw yn Sir Fôn...'

'So nhw prin wedi setlo fan hyn. Allwn ni ddim eu yprwto nhw 'to.'

'Dwi'n meddwl eu bod nhw wedi setlo'n dda iawn yma.'

'Fy mabis i y'n nhw. Alla i ddim meddwl amdanyn nhw mewn cenels dierth.'

Os mai dy fabis di ydyn nhw, paid â mynd a'u gadael nhw, 'ta, meddyliodd Menna. Ond feiddiodd hi ddim dweud hynny chwaith.

'Ma Michael a finne angen brêc,' meddai Carol wedyn, gan wneud rhyw geg gam hyll. 'Ma'r holl fusnes o symud lan i'r Gogs a whilo am dŷ wedi bod yn stresffwl iawn.' Un dda oedd Carol am droi'r waterwyrcs ymlaen yn ôl y galw.

'Fedrwch chi fynd eto,' meddai Michael, gan wenu ar ei fam. 'Y drwg ydi dan ni 'di talu am y ffleit a'r hotel a bob dim, fedrwn ni ddim canslo rŵan. Dach chi ddim yn meindio nacdach?'

'Ddylech chi fod wedi sôn yn gynt,' meddai Menna. 'Allen ni fod wedi trefnu pethe'n well,' gwenodd Carol ryw hen wên ffals ar ei mam yng nghyfraith.

Yn wir, teimlai Menna fel howscipar yn ei chartref ei hun ar brydiau. Roedd hi'n gwybod yn iawn y dylai hi ddweud rhywbeth. Yn wir, mi oedd hi wedi trio sawl gwaith yn barod.

'Gwrandwch, dach chi ddim yn meddwl y bysa'n brafiach i chi gael lle i chi'ch hunan bellach?' mentrodd ddweud wrth y ddau dros foliad o bîff, *Yorkshire pudding* a'r trimings i gyd, un amser cinio ddydd Sul, yn fuan yn y flwyddyn newydd.

'Ond fedrwn ni ddim eich gadael chi ar eich pen eich hun, siŵr. Mae'r hen dŷ yma lot rhy fawr i un,' oedd ymateb Michael a'i geg yn llawn.

'Ond tydw i ddim yn unig a dwi wedi hen arfer bellach. Plis peidiwch ag aros yma er fy mwyn i. Does dim angen o gwbl. Wir rŵan. Dwi'n berffaith hapus ar fy mhen fy hun. Dwi'n fwy na hapus, dalltwch. Duwcs, dach chi ddim isio byw efo rhyw hen beth fatha fi. Byw efo'ch mam yng nghyfraith. Dyna'r peth diwetha dach chi isio. Ma 'na ddigonedd o dai rhent del iawn ar gael. O'n i'n sbio'n papur ddoe, yn digwydd bod, a ma'n nhw ar fin dechrau adeiladu stad o dai newydd ar gyrion Bangor.'

'Ond wi'n dwli byw ym Mhenrallt, gyda chi, Menna. Wir nawr.' Gwenodd Carol ei gwên orau ar ei mam yng nghyfraith. O leiaf roedd hanner gyntaf ei brawddeg yn wir.

Triodd Menna eto. 'Ond dwi'n siŵr eich bod chi'n blino gorfod dreifio o fyma i Landudno bob dydd. Yr hen draffig felltith 'na ar y bont bob bora, a'r A55 'na wedyn. Fysa hi ddim yn brafiach i chi fyw yn rhwla nes at eich gwaith, dwch? Fasach chi adra lot cynt yn un peth, ma hi'n mynd yn hwyr iawn arnoch chi bob nos, Carol. Ac ym Mangor ma dy gwmni bysys ditha, Michael.'

'Chi'n gwbod beth, Menna? Wi'n dwli bod yn y car. Ma'r daith gatre yn rhoi cyfle i fi de-stresso ac anghofio am y gwaith. Dwi lot llai *stressed* ers i ni ddod i fyw atoch chi.'

Wyt mwn, efo fi yn dandwn arnoch chi'ch dau rownd ril, meddyliodd Menna.

'A beth tase rhwbeth yn digwydd i chi, Menna fach?' meddai Carol wedyn, yn llawn consýrn.

'Digwydd i mi? Be dach chi'n feddwl?'

'Wel, beth tasech chi'n cwmpo neu rwbeth yn ganol nos? Neu'n baglu a tharo eich pen wrth ddod mas o'r gawod un bore?' Roedd dychymyg Carol wedi mynd i ofyrdreif wrth weld ei mam yng nghyfraith yn glewt ar lawr yn yr *en suite*. 'Allech chi fod ar eich hyd ar y llawr oer 'na am ddyddie, wthnose falle! A neb callach.'

'Ma Carol yn llygaid ei lle,' cytunodd Michael.

Y gwir plaen amdani oedd roedd Michael wedi dod i licio tendans ei fam. Prydau poeth a blasus ar y bwrdd bob nos, dim mwy o redeg allan o dronsiau a sanau glân. Crysau a chrysau T wedi'u smwddio'n ddel. Roedd hi'n nefoedd ar y ddaear arno.

'Twt, dach chi'n gorddramateiddio petha rŵan. Diolch i chi'ch dau, ond wir rŵan, dwi ddim angen neb i gadw golwg arna fi,' protestiodd Menna.

'Ddim nawr, falle. Ddim nawr. Ond rhaid i chi gofio, Menna, chi ddim yn *spring chicken* o bell ffordd. Ac fel byddai Tad-cu'n arfer gweud, "Ni wyddoch chi'r dydd na'r awr…" Fel hyn, allwn ni'n dau eich carco chi.'

'Ond dwi ddim angen neb i 'ngharco i!' Roedd Menna'n dechrau colli ei limpyn braidd erbyn hyn. 'A tydi Llandudno ddim yn ben draw'r byd. Meddyliwch tasach chi'ch dau yn dal i fyw yn Nhreorci a finnau'n disgyn lawr grisiau yng nghanol nos. Fysa hi wedi canu arna i wedyn, bysa?'

'Yn gwmws, Menna. Yn gwmws. Fi a Michael yn diolch bob dydd bod pethe wedi gwitho mas cystal. Bo fi wedi ca'l y jobyn yn Llandudno, bod tŷ rhent Gwyndaf wedi cwmpo drwyddo. Fel hyn o'dd hi i fod, chi'n gweld. Ma pethe wedi gwitho mas yn berffeth. *Fate* yw e. Beth yw *fate* yn Gwmraeg?'

'Ffawd,' atebodd Menna'n fflat.

'Ie, hwnnw, ffawd. Ffawd sy wedi dod â Michael a finne i Benrallt.'

'A dach chi byth yn gwbod pwy sy'n llercian o gwmpas y lle dyddiau yma,' ategodd Michael.

'Yn gwmws,' cytunodd Carol, gan nodio ei phen yn wyllt er nad oedd ganddi'r syniad cyntaf beth oedd hynny'n ei olygu, ond swniai'n rhywbeth digon amheus, beth bynnag.

'Gwraig weddw mewn oed fatha chi, dach chi'n *prime candidate* i rywun dorri i mewn i ddwyn eich petha chi.'

'Neu'n wath, ymosod arnoch chi!' ategodd Carol at y ddrama a'i dychymyg yn drên unwaith eto.

Sôn am gysurwyr Job, meddyliodd Menna. Allai'r ddau ddim gwneud iddi deimlo'n fwy diymadferth petaen nhw'n trio.

'Dach chi'n lwcus iawn, Mam.'

'Lwcus? Sut felly, Michael?'

'Wel, lwcus fy mod i a Carol yn byw efo chi, 'te.'

Gwenodd Menna'n wan ar y ddau. 'Yndw... Lwcus iawn.'

Tatŵ a toi boi

'DIM OND TSHECIO os oeddach chi adra.'

Eleanor Taylor oedd ar ben arall y lein. Llywydd y Cylch Cinio, a pheidied neb ar boen eu bywyd anghofio hynny. Wyddai Menna ddim yn iawn pam yr oedd hi'n aelod. Oherwydd Glyn, dyna pam roedd hi'n aelod. Roedd gwragedd y *Masons* i gyd yn aelodau.

'Dwi'n gwbod da chi ddim wedi bod yn dwad i'r Cylch Cinio ers i chi golli Glyn, a dwi'n gwbod tydi o ddim yn hawdd, ond mi ydan ni'n gweld eich colli chi'n fawr, Menna bach. A meddwl galw draw ar ôl cinio o'n i, i ni gael trefn ar y rhaglen flwyddyn nesa.'

Suddodd calon Menna i wadnau ei hesgidiau. Toedd hi ddim wedi gweld y Llywydd ers misoedd diolch i'r drefn, ac roedd hi wedi anghofio'n llwyr mai hi oedd yr ysgrifennydd y flwyddyn i ddod.

'Ond dim ond mis Chwefror ydi hi, Eleanor, ma hi'n hen ddigon buan i ni ddechrau meddwl am siaradwyr ar gyfer y flwyddyn nesa.'

'Buan iawn ddaw mis Medi, Menna. Tydi'r petha Merched y Wawr 'na yn bachu pawb! Ydi dau o'r gloch yn iawn?'

'Wel, a deud y gwir o'n i wedi bwriadu...' dechreuodd Menna.

'*Champion*,' torrodd Eleanor ar ei thraws. 'Wela i chi tua dau. Hwyl rŵan.'

Wrth iddi roi'r ffôn yn ôl yn ei grud, ochneidiodd Menna.

Roedd hi wedi bwriadu mynd i nofio. Roedd hi wedi ymaelodi efo'r sba yn y gwesty lleol a cheisiai fynd yno ryw ddwywaith neu deirgwaith yr wythnos i ddefnyddio'r pwll nofio a'r cyfleusterau eraill. Hwn oedd ei dihangfa. Y peth diwethaf oedd hi eisiau oedd gorfod gwrando ar Eleanor Taylor yn mwydro drwy'r pnawn. Felly, yn lle estyn am ei siwt nofio, estynnodd farjarîn o'r frij. Well iddi fynd i wneud ychydig o sgons ar gyfer ei hymwelydd, beryg.

Ar ben dau glaniodd Eleanor wedi'i gwisgo o'i chorun i'w sawdl mewn *beige,* yn drewi o ryw hen sent sicli.

Cyn iddi hyd yn oed dynnu ei chôt roedd Menna wedi cael adroddiad llawn o symudiadau Eleanor dros y deuddydd diwethaf. Petaen nhw'n fanylion difyr efallai y byddai Menna wedi hanner maddau i'w gwestai. Ond doedd Menna'n hidio'r un ffliwcsan ffani i Eleanor fod ar y ffôn am dros dri chwarter awr y bore cynt yn trio sortio insiwrans ei char, a oedd yn golygu wedyn ei bod hi'n hwyr ar gyfer yr apwyntiad i glipio'r cocapŵ. Cafodd wybod hefyd iddi fod am lynsh efo Avril yn y caffi bach newydd dros ffordd i'r siop cemist. (Fyddai hi ddim yn argymell y cawl, gormod o halen a lot, lot rhy hufennog.) Dihangodd Menna i'r gegin y ffordd gyntaf i wneud paned, gan adael Eleanor i barhau â'i monolog.

'Ddudis i fod Hannah, merch Gwenda ni, yn ddoctor rŵan? Wel, dim doctor doctor 'lly. Ond ma ganddi berffaith hawl i alw ei hun yn ddoctor, 'te. Wedi cael ei PhD. A ma hi a'r cariad yn priodi diwedd Rhagfyr. Ar ddydd Sul cofiwch! Pobol ifanc, dyddiau yma, 'te. Be wnewch chi? Glywsoch chi am rywun yn priodi ar ddydd Sul erioed?' (Cwestiwn rhethregol oedd o, doedd dim disgwyl i Menna ateb.) 'Ond dyna fo, os ydyn nhw isio rhywle mor arbennig â Phlas Ceiri, fedrwch chi ddim fforddio i fod yn ffysi ynglŷn â'r diwrnod. Wn i ddim be ro i amdanaf chwaith. Rhaid mi golli pwysa gynta. Dan ni am fynd i Fanceinion ryw benwythnos i chwilio am owtffit: Gwenda, Hannah a finna. Aros mewn gwesty, gneud penwythnos iawn ohoni. O, ddudis i fod James newydd glywed ei fod o wedi cael ei dderbyn i neud prentisiaeth efo British Airways? Mae o 'di gneud yn wych, mae o wedi bod mor lwcus i gael i mewn. Er cofiwch chi, efo'i gymwysterau o, mi fysa fo wedi gallu cerdded i mewn i Gaergrawnt neu Rydychen. Deg TGAU A serennog ganddo fo. Hogyn peniog, cofiwch. Tynnu ar ôl ei dad, Carwyn 'cw. Hwnnw union run fath. Mi wrthododd hwnnw fynd i'r Coleg hefyd, ond sbïwch lle mae o heddiw. Rhedeg ei gwmni ei hun a phob dim. Ond tydi'r iwnifersiti ddim yn siwtio pawb, nadi?… O, dach chi 'di decaretio.'

'Do, ers misoedd erbyn hyn. A mwy 'na decaretio, deud y gwir,' meddai Menna, gan osod y tre i lawr ar y bwrdd bach o flaen Eleanor a dechrau tollti'r baned. 'Dwi wedi gneud y ddwy stafell yn un. Os cofiwch chi, y parlwr o'dd fan hyn o'r blaen ond 'nes i…'

'Dw inna'n despret isio paentio lle 'cw hefyd. Ond 'dan ni'n dal arni tan fyddan ni wedi ail-wneud y *sun room*. Dwi 'di ordro dodrefn newydd wsnos diwetha a bleinds newydd, a ma Gari Thomas i fod i ddod draw i ddechrau ar y gwaith adeiladu wsnos nesa, ond ddaw o ydi rywbeth arall, 'te, dach chi'n gwbod fel ma adeiladwyr 'ma.'

'Dach chi'n cymryd siwgr, dwch?' gofynnodd Menna yn reit bigog. Gwyddai'n iawn nad oedd hi, ond mi ofynnodd serch hynny er mwyn rhoi taw dros dro ar hefru hunanol ei gwestai. Doedd y ddynes ddim yn cau ei cheg!

'Dim i mi, diolch. *Sweet enough*, 'te!,' meddai, gan estyn i'w bag *beige* am ei Hermesetas. Wrth iddi glicio ei bocsyn bach, rhewodd Eleanor yn y fan.

'Be 'di hwnna ar eich garddwn chi, Menna?' sibrydodd mewn anghrediniaeth a'i dwy lygad yn fawr fel dwy soser wedi'u hoelio ar y rhosyn bach inclyd.

'Tatŵ, Eleanor. Dach chi'n licio fo?'

Am unwaith yn ei bywyd roedd Eleanor Taylor yn fud. Roedd hi'n amlwg fod marwolaeth Glyn wedi cael cryn effaith ar Menna, meddyliodd. Doedd dim amheuaeth am hynny. Dynes yn ei hoed hi efo tatŵ? Byddai'r wybodaeth yma yn fêl ar fysedd ledis y Clwb Cinio a'r Olwyn Fewnol. Menna Williams Penrallt efo tatŵ? Be nesaf? Siafio'i gwallt? Styd drwy'i thrwyn? Neu, Duw a'n gwaredo, *nipple ring*?

'Difaru na fyswn i wedi cael un ers blynyddoedd. Gymrwch chi sgon? Ma'n nhw'n ffres bore 'ma.'

'Dim diolch. Er taswn i wedi galw ddoe, 'swn i wedi cymryd un.' Ar ôl dod dros ei sioc roedd Eleanor wedi llwyddo i sadio ei hun a llywio'r sgwrs i dir cyfarwydd, sef y hi ei hun. 'Dwi wedi dechrau y *Five Two* deiet 'ma. Fysa fiw i mi gymryd un. Dim ond pum cant o galorïau dwi'n eu ca'l heddiw, dŵr a lemon, salad tiwna ac iogwrt bach. Ga'i ryw daten drwy'i chroen i swper heno.'

Cau dy geg, y grimpan ddiflas. Jyst cau dy geg, sgrechiai Menna'n dawel tu mewn ond gan wenu a nodio'n glên ar ei hymwelydd. Petai hi heb ateb y ffôn mi fyddai hi ar ei degfed lap yn y pwll nofio rŵan yn hytrach nag yn gorfod gwrando ar hon yn mulo.

Ers priodi Glyn roedd Menna wedi gorfod dioddef Eleanor a'i thebyg. Gwragedd oedd yn diffinio eu hunain drwy eu gwŷr. Gwragedd oedd ddim wedi gorfod gweithio diwrnod, gwragedd oedd am y gorau i frolio a byw eu bywydau drwy eu plant a bellach eu hwyrion a'u hwyresau. (Marciau bonws os oedden nhw mewn colegau meddygol, gweithio i'r BBC neu'n gweithio yn Llundain neu Gaerdydd.) Gwragedd oedd yn cyfarfod byth a beunydd am lynsh, hynny ydi os nad oedden nhw ar ryw ddeiet neu'i gilydd.

'Ma'r deiet yma yn un da. Dwi'n teimlo 'nhrowsus i'n llacach yn y wast yn barod.'

'Dach chi'n siŵr na chymrwch chi un? Ma gin i jam mefus a hufen ffres.' Gwnaeth Menna sioe fawr o fwynhau ei sgon jam a chrîm o flaen Eleanor. Gwyddai fod honno'n cael ei themtio i'r eithaf, gallai Menna ei gweld hi'n glafoerio. Ond drwy ryw ryfeddol wyrth, llwyddodd i wrthsefyll temtasiwn.

'Rŵan, 'ta,' meddai Eleanor, gan geisio ei gorau i beidio edrych ar y sgons, turiodd i mewn i'w bag *beige* ac estyn pad sgwennu a beiro. 'Ein siaradwyr ni ar gyfer tymor nesa. Dwi'n gwybod bod ganddom ni fisoedd i fynd eto, ond ma gofyn i ni drefnu a bwcio'n siaradwr rŵan. Tydi'r Merched y Wawr 'na yn bwcio pawb bron sydd ar y *circuit*, tydyn? Felly, dwi wedi cymryd arnaf fi fy hun i drefnu sawl siaradwr yn barod. Yr unig beth fydd angen i chi ei wneud fydd cadarnhau ac atgoffa nhw yn nes i'r amser.'

Flwyddyn yn ôl byddai Menna yn ddiolchgar bod Eleanor wedi cymryd yr hyfdra i drefnu siaradwyr o'i phen a'i phastwn ei hun, heb unrhyw ymgynghoriad â neb. Ond y pnawn hwnnw, roedd hyn wedi codi ei gwrychyn hi braidd. Dim rhyw ysgrifenyddes fach bersonol i Eleanor oedd hi.

'Dwi wedi gofyn i Arthur Rowlands ddod aton ni i sgwrsio am wneud cewyll a rhaffau ym mis Medi, ac mae Jane Freeman wedi deud y gwneith hi sgwrs i ni mis Hydref, fuodd hi draw yn Tsheina, 'ta Japan fuodd hi, dwch? Wel, un o'r ddau, yn gneud rhywbeth neu'i gilydd. Dwi ddim yn siŵr be yn union. A dwi mor falch, 'te, fod Kenneth Dawson Jones wedi cytuno i ddod i'n cinio Dolig ni i roi sgwrs am gerrig beddi.'

'Cerrig beddi?' gofynnodd Menna'n syn.

'Ia, mae o wedi cael MA am sgwennu traethawd ar y pwnc ac mae o wedi sgwennu llyfr. Dan ni mor lwcus ei fod o wedi cytuno i ddŵad aton ni. Tydi o ond yn mynd allan i sgwrsio ddwywaith y flwyddyn. Ac o be dwi wedi ddallt, mi roedd 'na gangen o Ferched y Wawr ym Mhen Llŷn yn rhwla ar ei ôl o ar gyfer union yr un noson. Ond chwarae teg iddo, gan ei fod o'n Feson, mi roddodd o y flaenoriaeth i ni. Glywes i hefyd fod y Gymdeithas Lenyddol ar ei ôl o. Dan ni wedi ca'l dipyn o sgŵp!'

'Yn amlwg,' gwenodd Menna. 'Dwi'n siŵr y bydd hi'n sgwrs hwyliog iawn.' Gallai Menna feddwl am sawl siaradwr difyrrach ei bwnc na'r bonwr Kenneth Dawson Jones a'i gerrig.

'Ac ar gyfer mis Tachwedd mae Jennifer eto eleni am ddangos i ni sut i neud *wreath* Dolig. Chafodd ambell un fawr o hwyl arni llynedd. O'dd torch Anne Hughes yn erchrydus! Fysa gin i gywilydd hongian y ffasiwn beth ar fy nrws ffrynt, wir...' Stopiodd Eleanor yn ei thracs. 'Be o'dd y sŵn 'na, dwch?'

'Pa sŵn?'

'Glywsoch chi o? O fyny grisiau y daeth o. Dyna fo eto!'

Gwenodd Menna efo hi ei hun. Michael yn codi o'i wely oedd y sŵn. Roedd o wedi landio adre yn oriau mân y bore ar ôl bod yn gyrru bws ar drip pedwar diwrnod i ardal y Llynnoedd. O fewn wythnos gallai fod yn gyrru bws i Lundain un diwrnod, yna i Fanceinion y diwrnod wedyn, a'r wythnos ganlynol efallai y byddai'n gyrru llond bws i fyny i'r Alban, doedd dim dal. Ond un peth oedd yn sicr, doedd yna unman gwell gan Michael nag eistedd ar ei din tu ôl i lyw bws.

Fe ffindiodd Menna hithau fod y tripiau bysus hyn yn ffordd ddelfrydol iddi fynd a gweld llefydd. Sawl gwaith, bu ar drip siopa i Lerpwl a Manceinion. Bu'n gweld y sioe

Phantom of the Opera a *Mamma Mia* hefyd. Wrth eistedd yn ei
sedd yn gwibio heibio ar y draffordd, meddyliai Menna'n aml
am Jan, y byddai honno yn falch iawn ohoni.

Syllodd Menna ar Eleanor oedd yn gwneud sioe fawr o godi
ei bys bach wrth sipian ei the. Daeth rhyw ddiawledigrwydd
drosti. Roedd hi'n mynd i gael dipyn o hwyl efo hon rŵan.

'O, cradur bach,' meddai hi. 'Mae o wedi bod i ffwrdd tan
neithiwr. O'dd hi wedi tri o'r gloch y bora arno fo'n cyrraedd
yn ei ôl. Rŵan mae o'n codi, cofiwch.'

Os oedd llygaid Eleanor efo dwy soser cynt, roedden nhw fel
dwy ddysgl anferth bellach. Doedd y ffaith fod Menna Williams
Penrallt efo tatŵ yn ddim i'r newyddion ei bod hi wedi cael
gafael ar ddyn a'i fod yn byw efo hi!

'Wyddwn i ddim bod ganddoch chi *gentleman*...'

'Wir, ma hi'n braf ei gael o yma cofiwch,' torrodd Menna ar ei
thraws. 'Y gwmnïaeth ydi'r peth mwya. Braf cael gwneud pryd
o fwyd i rywun unwaith eto. Tydi rhywun ddim yn trafferthu
gwneud bwyd i un, nac ydi? Dwi wedi gneud ei ffefryn o ar
gyfer heno, pei cyw iâr.'

Yn amlwg roedd ei *gentleman friend* wedi cael ei draed dan
bwrdd go iawn, meddyliodd Eleanor. Faint o amser oedd wedi
pasio ers iddi golli Glyn? Doedd 'na ddim blwyddyn wedi mynd
heibio eto. Roedd y peth yn gywilyddus!

Clywyd sŵn traed yn dod i lawr y grisiau a pheswch dynol.

Roedd Eleanor bron â gwlychu ei hun. Roedd hi ar fin
cyfarfod dyn newydd Menna o flaen neb arall. O, byddai'r
jyngl dryms yn wyllt wallgo yr eiliad y byddai hi'n landio
adre.

Agorwyd drws y lolfa a tharodd Michael ei ben drwyddo,
ei wallt yn wlyb yn amlwg newydd ddod allan o'r gawod. Bu
bron iawn i Eleanor gael haint yn y fan a'r lle. Roedd y dyn yma

flynyddoedd fengach na Menna. Nid yn unig roedd hi wedi cael tatŵ ond roedd hi wedi cael toi boi hefyd! Yn ei hawydd i greu stori, a'r ffaith bod ei wallt yn wlyb a'i fod heb ei sbectol, nid oedd Eleanor wedi adnabod Michael.

'Oes 'na fara i neud tost yma?' gofynnodd yn ddioglyd.

'Lle ma'n manyrs i, dwch?' meddai Menna, gan drio ei gorau i beidio â chwerthin, ond roedd wyneb Eleanor yn bictiwr. 'Da chi'n cofio Michael, tydach? Fy mab?'

'O, yndw... yndw... wrth gwrs. Dwi'n cofio ei gyfarfod o rŵan, yn y cynhebrwng.' Allai Eleanor ddim cuddio'r siom oddi ar ei hwyneb. Drapia, a hithau wedi meddwl yn siŵr fod newyddion y flwyddyn ganddi i'w rannu.

'Gwrandwch, Eleanor, dwi ddim yn meddwl fy mod i am ddŵad i'r Cylch cinio eto. Dwi'n ymddiswyddo.'

'Be?'

'Tydi o ddim cweit yn fi, i fod yn onest efo chi. Mynd ar ran Glyn o'n i. Does gen i ddim affliw o ddiddordeb mewn cerrig beddi ganrifoedd oed. Does gen i chwaith ddim diddordeb mewn gneud *wreath* Dolig, mi bryna i un os dwi isio un, diolch. Ma 'na rai digon rhad yn Aldi. Ma bywyd rhy fyr i stwffio myshrwm, meddan nhw, tydi? Wel, mae o rhy fyr hefyd i botsian gneud rhyw addurniadau Dolig. Reit 'ta, wel, dyna ni felly...'

Cododd Menna ar ei thraed.

Sylweddolodd Eleanor bod ei hamser ar ben. 'O, reit...'

'Dwi'n mynd i nofio,' esboniodd Menna. 'Ma croeso i chi ddod efo fi.'

'Y fi? Nofio?' ebychodd mewn anghrediniaeth llwyr. Waeth i Menna fod wedi cynnig iddi fynd efo hi i orji ddim.

Beth yn y byd mawr oedd wedi dod dros ben Menna? meddyliodd Eleanor Taylor wrth iddi hwylio drwy'r drws ffrynt yn ei *ensemble beige*. Tatŵ? Ymddiswyddo o'r Clwb Cinio? Nofio? Na, doedd 'na ddim amheuaeth bod Menna Williams Penrallt wedi colli'r plot yn lân.

Syrpréis yn y Sba

Y PETH GORAU wnaeth Menna oedd ymaelodi â'r sba yn y gwesty lleol. Adeg yma'r dydd roedd y pwll y rhan fwyaf o'r amser yn wag, a châi Menna lonydd i nofio'n ôl ac ymlaen. Weithiau byddai'n tritio ei hun i ryw *facial* neu fasaj bach. Ond ddim heddiw. Gwthiodd ei hun yn galed drwy'r dŵr. Roedd hi'n benderfynol o nofio hyd y pwll ddeg gwaith o leiaf eto.

Gwenodd wrthi ei hun. O'r diwedd roedd hi wedi cael rhoi Eleanor yn ei lle; fyddai ddim rhaid iddi oddef cwmni diflas merched y Cylch Cinio byth eto. Na gorfod gwrando ar yr un siaradwr diflas. Gollyngdod. Biti na fyddai hi wedi ymddiswyddo ers tro. Dylai hi fod wedi gwneud ers blynyddoedd. Dweud y gwir, ddylai hi erioed fod wedi cytuno i ymaelodi yn y lle cyntaf. Gwneud ar ran Glyn wnaeth hi, am fod 'na ddisgwyl iddi wneud a hithau'n wraig i un o bileri'r gymdeithas. Ar hyd ei hoes roedd hi wedi gwneud a mynd i lefydd i blesio pobol eraill, neu i blesio Glyn ran fwyaf. Ond ddim bellach, o hyn allan roedd hi'n mynd i blesio ei hun.

Un peth oedd wedi bod ar ei meddwl ers sbel oedd sut yr oedd hi'n mynd i gael gwared o Michael a Carol? Roedd hi'n berffaith amlwg nad oedd gan y ddau unrhyw fwriad o fath yn y byd i symud o Benrallt. Wythnos diwethaf, roedd Carol wedi bod mor hy â gofyn ei barn ynglŷn â rhyw samplau papur wal roedd hi wedi'u cael ar gyfer addurno stafell wely Michael a hithau.

'Beth chi'n feddwl o'r lliw *teal* 'ma, Menna? Sai'n licio'r pinc sy 'na nawr o gwbl.'

Honna oedd yr hoelen olaf.

Ond sut yr oedd hi'n mynd i allu dweud wrthyn nhw? Roedd hi wedi trio sawl gwaith yn barod. Heblaw anfon llythyr twrna at y ddau yn eu hel nhw o'na, allai hi ddim meddwl am ffordd arall. Doedd hi ddim eisiau ffraeo a gwneud lle cas efo'r ddau ar gownt hyn. Ond roedd hi eisiau llonydd, ei hannibyniaeth yn ôl. Mynd a dod fel roedd hi eisiau eto. Cael ei thŷ yn ôl.

Gallai glywed llais Jan yn ei phen yn dweud wrthi: 'Deuda wrth y ddau am ei heglu hi. Y nhw a'u cŵn rhech.'

Gwenodd Menna efo hi ei hun. Ew, mi oedd yn ei cholli hi.

Os oedd hi'n mynd i gael gwared ar y ddau, yna roedd rhaid i bethau newid. Dim mwy o drin y lle fel gwesty. Dim mwy o brydau blasus poeth yn barod ar eu cyfer, dim mwy o olchi a smwddio. Dim mwy o glirio ar eu holau. Roedd yn union fel cael dau blentyn blêr o gwmpas y lle! Er mwyn iddi hi allu cael y maen i'r wal, gwyddai y byddai'n rhaid iddi fyw efo ychydig o lanast dros dro. Byddai'n rhaid iddi orfod dioddef y pentwr bagiau te wedi'u defnyddio wrth ochr y sinc, dioddef y briwsion bara ar hyd y wyrctop ac yn crensian o dan ei thraed. Dioddef y rhywbeth sticki oedd yn glynu i'w slipers ar lawr y gegin. Dioddef y mygiau gwag di-ri yn y lolfa, yn yr union fan lle gadawyd nhw. Dioddef y fasged olchi yn gorlifo o dywelion gwlyb, heb sôn am dronsiau pŷg ei mab a blwmars a bras amryliw ac amrywiol Carol. Byddai'n rhaid iddi adael i'w thŷ fynd fel tip am sbel. Rhywbeth oedd yn mynd yn groes i'r graen i ddynes mor howsprowd â Menna. A pheth arall, doedd hi ddim wedi gweld *Pobol y Cwm* ers misoedd lawer. Roedd Carol neu Michael wastad eisiau gwylio rhywbeth ar un o'r sianelau eraill. Ond dim mwyach, ei thŷ hi oedd

Penrallt, ei lolfa hi, a'i theledu hi. Roedd pethau'n mynd i newid. Roedd hi wedi bod yn rhy lwfr ac yn rhy glên. Doedd hi ddim yn bwriadu treulio gweddill ei hoes yn dandwn i'w mab a'i wraig.

Damia, roedd 'na ddyn newydd gerdded i mewn. Roedd Menna'n gobeithio i'r nefoedd y byddai'n mynd i'r stafell stêm neu'r *sauna*. Ond na, roedd yn gwneud bi-lein am y pwll. Mi fyddai'n rhaid iddi ddal pen rheswm efo rhyw Geoffrey, neu ryw Bill rŵan. Dyna oedd ei henwau nhw i gyd, a bron naw allan o bob deg yn weddwon. Yn wreiddiol o ochrau'r Wirral, ond y wraig ac yntau wedi ymgartrefu yn Sir Fôn ar ôl ymddeol. Wrth ei phasio yn y dŵr, mynnent stopio a dechrau sgwrsio efo hi. Byddai'n cael hanes eu bywydau wedyn. Hen deirw unig yn chwilio'n daer am ail wraig i edrych ar eu holau yn eu henaint.

Ond ddim heddiw, roedd Menna wedi dioddef un sgwrs yn ormod y diwrnod hwnnw'n barod.

Disgwyliodd i'r bonwr gamu i lawr yr ysgol fechan ac yna blymio i'r dŵr. Dechreuodd nofio'n gryf i'w chyfeiriad. Nofiodd hithau i'w gyfeiriad yntau, ond yn osgoi ar boen ei bywyd gwneud unrhyw fath o gyswllt llygaid. Cyrhaeddodd yr ysgol yn bwriadu camu allan o'r pwll. Fel roedd hi'n dechrau ei dringo clywodd lais yn galw ei henw. Dim ond y hi a'r dyn oedd yno, felly mae'n rhaid mai y fo oedd yn galw arni. Ond sut yn y byd mawr roedd o'n gwybod ei henw? Trodd i gyfeiriad y llais.

'Menna?' meddai eto. 'O'n i'n meddwl mai chdi oedd hi.'

Na, doedd bosib? Ddim yn fan hyn o bob man?

Fel roedd y dyn yn nofio'n nes ati, syllodd Menna arno'n fanylach. Roedd hi bron yn gibddall heb ei sbectol. Syllodd ar y mop o wallt claerwyn a'r locsyn a'r wên fawr lydan ar ei

146

wyneb, y llygaid glas yn pefrio. Dechreuodd ei chalon guro'n gyflymach a llyncodd ei phoer. Na, ddim y fo... Allai hi ddim credu'r peth. Kenny Rogers?

'Richard?'

Di Benllach ddim yn nefoedd

DROS GOFFI A chacen ar deras tŷ bwyta'r gwesty yn
ddiweddarach, bu Menna a Richard yn dal i fyny efo hynt
a helynt y naill a'r llall. Er mai ond newydd gyrraedd y pwll yr
oedd o mi adawodd yr un pryd â Menna. Roedd o'n hel annwyd,
medda fo, a doedd o ddim yn meddwl ei fod o'n syniad da iddo
sefyllian mewn rhyw ddŵr oer yn rhy hir. Yn dawel bach roedd
Menna'n amau mai esgus oedd hynny er mwyn iddo ddod allan
yr un pryd â hithau. Ond doedd hynny ddim yn ei phoeni hi
chwaith. I'r gwrthwyneb.

Llifai'r sgwrs yn rhwydd rhwng y ddau fel petaen nhw'n
adnabod ei gilydd erioed, yn hytrach nag wedi cyfarfod unwaith
o'r blaen, a hynny fisoedd yn ôl.

Esboniodd Richard ei fod wedi symud i fyw i Benllech ryw
ddau fis yn ôl.

''Di Benllach ddim yn nefoedd 'nenwedig yn yr haf, medda'r
gân, ond mae o'n ddigon agos i mi. Dwi wrth fy modd yno.
Welis i ddim lle hwylusach. Ma bob dim ma rhywun isio
yna. Siop, post, banc, meddygfa, fferyllfa, siop jips wych ar y
sgwâr. Fydda'i wrth fy modd yn cerdded i lawr i'r traeth bob
bore a phrynu papur newydd ar fy ffordd 'nôl. Mi oedd Eirian
a Dafydd, ei gŵr, wedi bod yn swnian arna i ers sbel i symud
yn nes. Mi roedd y tŷ a'r ardd yn Neganwy lot rhy fawr i mi.
Roedd Eirian ar dân isio i mi symud i Benllech. Mi oedd hi'n
meddwl y bysa un o'r fflatiau newydd sydd wedi'u teilwra'n

arbennig ar gyfer pobol sydd wedi ymddeol ym Mhlas Glan y Môr yn berffaith i mi.'

'Dwi'n gwybod yn iawn am y fflatiau,' meddai Menna yn dal i fethu credu bod Richard o bawb yn eistedd gyferbyn â hi. 'Ma'n nhw'n cael eu hysbysebu yn y papurau lleol. Ma'n nhw'n edrych yn neis iawn.'

'Ma'n nhw. Rhaid i ti ddod draw am fisit.'

Rhoddodd ei bol dro bach. Oedd Richard newydd ei gwahodd i'w fflat?

Aeth Richard yn ei flaen. 'Un penwythnos, er mwyn cau ceg Eirian yn fwy na dim, mi aethom ni am sbec. Wel, o'n i wedi gwirioni efo'r lle. Ond o'n i'n gyndyn iawn o werthu'r tŷ yn Neganwy. Cartra Gwen a finna ers bron i dri deg mlynedd. Rhesymau sentimental dwi'n gwbod. Ond rhyw hen gradur fel'na ydw i. Dyma Dafydd yn awgrymu pam na fyswn i yn dal fy ngafael ar hwnnw a'i rentu o. A dyna be dwi'n ei neud. Ma'r pres rhent yn hwb mawr i fy mhensiwn, rhaid i mi gyfadda.'

'Yndi, dwi'n siŵr,' meddai Menna, yn meddwl bod Richard yn ŵr gweddol gefnog i allu fforddio prynu fflat yn Benllech a bod yn berchen tŷ yn Neganwy.

'Ac er nad ydw i fel arfer yn rhywun byrbwyll, dyma fi'n rhoi cynnig am y fflat yn y fan a'r lle. A dyma fi,' gwenodd Richard.

A dyma fo yn wir, meddyliodd Menna, gan ddiolch yn dawel bach ei bod hi wedi mynd i nofio y pnawn hwnnw yn hytrach na threfnu calendr y Cylch Cinio.

'Fyddi di'n dod yma'n amal?' gofynnodd Richard a dyfaru'n syth gofyn peth mor wamal. 'Rhyfadd nad ydan ni wedi taro ar ein gilydd cyn heddiw.'

'Fyddai'n trio dŵad rhyw ddwy waith, deirgwaith yr wsnos. Yn digwydd bod, o'n i'n hwyrach na'r arfer heddiw.'

'Yn y bore fydda i'n dŵad fel arfer. Ond o'n i isio danfon Morgan, mab hyna Eirian, i'w arholiad corn bora 'ma, felly dyma fi'n penderfynu dŵad pnawn 'ma yn lle hynny.'

Diolchodd Menna yn dawel bach fod ymweliad Eleanor Taylor wedi achosi iddi hithau orfod newid ei chynlluniau a chyrraedd y sba yn hwyrach na'r arfer.

'Sut aeth yr arholiad?' gofynnodd Menna, yn dal yn methu coelio mor las oedd llygaid Richard.

'Iawn, medda fo. Mae o'n cael eitha hwyl arni, chwarae teg. Mae o'n aelod o'r band lleol ac yn mwynhau. Roedd ganddyn nhw gyngerdd ym Miwmares nos Sadwrn diwetha. Cyngerdd da oedd o hefyd. Mae Siôn y fenga yn y band hefyd. *French horn* mae o'n chwarae. Ond pêl-droed ydi petha Siôn.'

'Faint ydi oed y ddau?'

'Mae Morgan yn naw a Siôn yn saith. Dyna sy'n braf ers i mi symud i Benllech, dwi'n gallu nôl y ddau o'r ysgol a mi fydda i'n danfon nhw i'w gwersi nofio ac ati. Weithiau os ydi Eirian yn gweithio'n hwyr, mi fydd y ddau'n cael te efo fi hefyd.'

Allai Menna ddim llai na meddwl bod y ffaith i Richard symud i Benllech fod wedi gwneud bywyd Eirian yn lot haws. Dim rhyfedd ei bod hi ar dân i'w thad symud. Rhywun i warchod rownd ril. Yna, ceryddodd ei hun am feddwl y fath beth. Petai hithau'n nain mae'n debyg y byddai hi wrth ei bodd yn cael y cyfle i dreulio amser efo'i hwyrion. Y nôl a'r danfon a'r gwarchod. Ond yn anffodus, cŵn rhech yr oedd hi'n cael y cyfle i'w gwarchod.

'Oeddet ti ddim yn nôl y ddau o'r ysgol heddiw, 'ta?'

'Nag oeddwn. O'dd y ddau yn mynd i ryw barti pen blwydd pnawn 'ma.'

'Pnawn i ffwrdd felly.'

'Pnawn i ffwrdd,' gwenodd Richard. Yna difrifolodd. 'Mae'n

ddrwg iawn gen i glywed am Jan. Soniodd Neil a Gloria wrtha i. Sioc ofnadwy.'

'Dwi dal yn ei chael hi'n anodd credu'r peth,' llyncodd Menna ei phoer. Fel fflach, daeth geiriau olaf Jan wrthi yn ôl i'w chof. 'Mi fysa'r Richard 'na yn gneud yn iawn i chdi.' Ceisiodd fwrw yn ei blaen efo'r sgwrs. 'Deffro'n bora... ag o'dd hi... o'dd hi wedi mynd.' Llenwodd ei llygaid.

Nodiodd Richard ei ben a gorffwys ei law yn gysurlon ar law Menna. 'Fel'na o'dd hi efo Gwen. O'dd Eirian a finnau wedi bod ar ein traed ers nosweithiau efo hi yn y sbyty. A hyd y diwedd mi roedd ei gofal a'i chonsýrn drosom ni mor gry ag erioed. "Dach chi isio bwyd... Ewch i gael bwyd," sibrydodd wrthon ni, yn tynhau am ei gwynt. Er i ni fynnu ein bod ni'n dau'n berffaith iawn a ddim am ei gadael hi, mi roedd hi'n mynnu ein bod ni'n mynd i gael rhywbeth i'w fwyta. Felly, er mwyn plesio Gwen, dyma fi'n piciad i nôl rhywbeth yn sydyn i Eirian a finna, tra aeth Eirian i'r tŷ bach ac i ffonio Dafydd a'r plant. Ond pan ddes i yn fy ôl, mi oedd Gwen wedi mynd... Ddudodd ambell un, i drio fy nghysuro am wn i, ella ei bod hi wedi disgwyl i ni'n dau adael er mwyn iddi hi gael mynd... Dwi ddim yn gwbod.'

'Doedd 'na ddim gwerth o amser ers i Jan a finna ddŵad yn ôl yn ffrindiau. Roedden ni wedi colli cysylltiad efo'n gilydd ers blynyddoedd. Fyswn i wedi bod wrth fy modd tasan ni wedi cael treulio mwy o amser efo'n gilydd. Oedd hi am fwcio trip i Amsterdam i ni.'

'Tydi hynny ddim yn dy stopio di rhag mynd, nachdi?'

'Dwn i ddim wir. Wnes i feddwl am y peth. Ond dwi'n meddwl y bydd rhaid i mi fodloni ar wylio rhaglenni teithio ar y teledu bellach. Dwi wrth fy modd efo'r gyfres *The Real Marigold Hotel*. Ha, fyswn i wedi lecio gweld Jan ar honno. Mi fysa hi wedi bod yn wych,' chwarddodd Menna. Yna difrifolodd. 'Yn anffodus, does gen i ddim hanner y gyts oedd ganddi hi. 'Swn i wrth fy modd taswn i'n fwy tebyg iddi.'

'Wel, dwi'n leicio chdi yn union fel ag yr w't ti. Paid byth â newid, Menna.'

O, mam bach, llyncodd Menna ei phoer a rhoddodd ei bol dro. Oedd Richard yn fflyrtio efo hi? Sut oedd hi i fod i ymateb? Byddai Jan yn gwybod yn iawn, meddyliodd. Mi fyddai hi wedi gallu ysgrifennu traethawd MA ar y pwnc!

Yfodd y ddau eu coffi a bwyta eu cacennau hufennog.

'Wyddost ti be?' meddai Richard rhwng cegaid o gacen. 'Fedra i ddim credu ein bod ni bron iawn wedi methu'n gilydd. Mae'n braf dy weld ti eto, cofia.'

'A chditha,'

'Rhaid i ni neud hyn eto. Yn fuan.'

'Fydda i yma bob pnawn dydd Mawrth a dydd Gwener, bron.'

'Cyfarfod o'n i'n ei feddwl. Wyt ti ffansi cinio bach rhyw ben wythnos nesa? Be am ddydd Mercher? Ma 'na le bach neis wedi agor ym Mhorthaethwy.'

'Fysa hynny'n neis iawn.'

'Ddo'i draw i dy nôl di.'

'Ew na, sdim rhaid i ti siŵr. Mae o allan o dy ffordd di braidd. Mi fysa fo'n lot haws ac yn gynt i ti fynd yn syth i Borthaethwy yn lle gorfod rowndio i fy nôl i gynta.'

'Tydi o ddim problem. Dwi'n mynnu. Mi allwn ni fynd am dro bach ar ôl cinio, os leci di.'

'Ti'n siŵr?'

'Yndw, tad.'

'Well i mi ddeud wrthat ti lle dwi'n byw, felly. Ma gin i bishyn o papur yn rhwla.' Dechreuodd Menna durio yn ei bag.

'Duwcs paid â phoeni, mi ffonia i di cyn hynny. Be ydi rhif dy fobeil di?'

Wrth i'r ddau gyfnewid rhifau, sylwodd fod ganddi ddwy alwad ffôn oddi wrth Michael. Anwybyddodd nhw a tharo ei ffôn yn ôl yn ei bag. Holi os oedd hi wedi smwddio ei grysau oedd o, mwn. Aeth yn ei blaen i fwyta ei chacen a mwynhau'r cwmni.

Jingylarings a jangl

'LLE DACH CHI 'di bod? Dwi wedi bod yn trio'ch ffonio chi.'

'O'dd fy ffôn i ffwrdd.'

'Oedd, dwi'n gwbod! Blydi hel, Mam, sawl gwaith sydd isio deud?' ochneidiodd Michael yn ddiamynedd. 'Cadwch y bali peth ymlaen drwy'r amser. Dach chi ddim isio ei roi o i ffwrdd. Mae o fatha tynnu plwg o'r wal efo ffôn tŷ. Fysa chi byth yn gneud hynny na fysach? Lle oeddech chi, 'ta? O'n i'n dechra poeni amdanach chi.'

'Chwara teg i ti, ngwas i. Ond doedd ddim isio i ti boeni, sdi. Dwi ddigon hen a hyll i edrych ar ôl fy hun,' meddai Menna a rhyw sioncrwydd newydd yn perthyn iddi.

'Wel, lle oeddech chi?'

'Nofio, 'te. Ddeudis i wrthat ti pan o'n i'n mynd drwy'r drws.'

'Ond dach chi'n hwyr iawn. O'n i'n disgwl chi'n ôl ers meitin. Tydach chi ddim mor hwyr â hyn fel arfar. O'n i'n meddwl bo chi wedi boddi neu rwbath.'

'Be haru ti, 'ogyn? Digwydd taro ar ffrind 'nes i, a mi aethon ni am banad wedyn.'

'Be sy i swpar? Dwi'n llwgu.'

'Wn i'm, Michael. Dwi reit llawn deud gwir, ges i ddau *latte* a theisen gaws. Mi wna i wy ar dost i fi fy hun yn hwyrach mlaen. Gwna di rwbath i chdi a Carol.'

Roedd Menna yn bwriadu dechrau'r drefn newydd o heno ymlaen.

'Fi?' gofynnodd Michael yn syn.

'Wel ia, pwy arall?'

'Ond be wna i yn fwyd?'

'Paid â gofyn i mi. Tecstia Carol i ofyn iddi be ma hi ei ffansi. Reit, dwi am fynd am fàth. Tydi cawodydd y sba byth yn cael gwared o'r hen glorin 'na'n iawn.'

'Mi nath 'na rywun eich ffonio chi 'fyd. Rhyw Hywel? Ma'i nymbar o ar y bwrdd. Gofyn i chi ei ffonio fo'n ôl.'

'Hywel? Brawd Jan? Duwcs, pam fysa hwnnw yn fy ffonio fi, dwa? Nath o ddim gada'l neges?'

'Naddo. Oes 'na fîns 'ma?' holodd Michael, a'i fol yn rymblian yn o arw erbyn hyn.

Ffonia i o ar ôl cael bàth, meddyliodd Menna, gan ddringo'r grisiau i sŵn cypyrddau'r gegin yn cael eu hagor a'u cau'n swnllyd.

Fel roedd Menna yn camu i mewn i'r bàth, daeth cri o lawr y grisiau. 'Mam, lle dach chi'n cadw'r *toaster*?'

Ochneidiodd Menna a chamodd i mewn i'r swigod. Gorweddodd yn ei hôl gan ymlacio'n braf yn y dŵr cynnes, ac aroglau lafant y byblbath yn llenwi'i ffroenau. Caeodd ei llygaid a daeth wyneb Richard yn syth i'w meddwl, ei lygaid glas yn dawnsio a'i wên yn achosi i Menna deimlo fel glaslances unwaith eto.

Cododd ar ei heistedd yn wyllt. Be yn y byd mawr oedd yn bod efo hi? Roedd rhaid iddi gallio. Allai hi ddim mynd efo fo am bryd o fwyd. Be fysa pobol yn ei ddweud? Be fysa pobol y capel yn ei ddweud heb sôn am griw Merched y Wawr? Doedd 'na ddim blwyddyn wedi mynd heibio eto ers iddi gladdu Glyn. Roedd hi'n byhafio fel rhyw hen ffliwsan yn gwneud gwaith siarad i bobol. Er gwaethaf y teimladau roedd Richard yn gyffroi ynddi roedd yn rhaid iddi eu hatal nhw. A'u hatal nhw y ffordd gyntaf.

Felly pan ffoniodd Richard hi y diwrnod canlynol, ymataliodd Menna rhag ateb ei alwad. Syllodd ar y sgrin a'i enw gan adael iddo ganu. A phan ffoniodd ddwywaith wedyn, gwnaeth yr un peth eto. Er gwaethaf ei neges ar ei pheiriant ateb a'i decst, anwybyddodd Menna rheini hefyd. Ceisiodd hefyd anwybyddu llais Jan yn ei phen yn dweud wrthi am beidio â bod yn gymaint o gachwr.

Galwad ffôn y gwnaeth Menna ei dychwelyd, beth bynnag, oedd yr alwad i Hywel.

'Menna! Diolch am ffonio fi'n ôl,' meddai llais siriol Hywel ar ben arall y lein.

'Dim problem siŵr. Wyt ti a Derec yn cadw'n iawn?'

'Dal i gredu, sdi, a chditha? Gwranda, y rheswm dwi'n ffonio ydi, mi ydan ni wedi bod yn clirio fflat Jan,' meddai Hywel gan fynd yn syth at y pwynt. 'Fel ti'n gwybod, dillad a jiwylri o'dd ei phetha hi a meddwl o'n i, cyn i ni gysylltu efo Christies, tybed fysa ti'n licio dewis un neu ddau o ddarnau i gofio amdani hi? Ma ganddi hi ddarnau neis iawn. Jiwals a jems Bulgari, Cartier, Tiffany & Co, Van Cleef & Arpels ac ati.' Rhestrodd Hywel y gemwaith byd-enwog drudfawr fel petai o'n rhestru'r gemwaith sydd ar gael ar y stryd fawr, megis H Samuel neu Beaverbrooks. 'A dwi'n gwbod y bysa hi wedi licio i chdi ga'l rhai ohonyn nhw.'

Wyddai Menna ddim beth i'w ddweud am eiliad. 'Diolch yn fawr iawn. Diolch am gofio amdana i,' meddai pan ffindiodd ei thafod. 'Fyswn i wrth fy modd cael rhywbeth bach. Ffeind iawn.'

'Wel, chdi oedd un o'i ffrindiau gora hi.'

Llenwodd ei llygaid. Hi oedd fy ffrind gorau i, meddyliodd yn dawel.

Trefnodd Menna i gyfarfod â Hywel y penwythnos canlynol. 'Tyrd erbyn un ar ddeg,' roedd o wedi'i ddweud wrthi. Cafodd Menna hyd i dŷ Hywel a Derec yn ddidrafferth. Ers iddynt briodi, roedd y ddau wedi symud i fyw i stad fechan ar gyrion y dre. Fan hyn oedd hafan Jan pan fyddai'n ymweld â Sir Fôn.

I feddwl mai arlunydd oedd Hywel, roedd ei balet lliw ar gyfer ei gartref yn un cyfyng iawn. Un lliw yn unig oedd yn tra-arglwyddiaethu, sef gwyn. Yn wir roedd angen sbectol haul arni rhag y disgleirdeb gwyn oedd yn amgylchynu'r holl ofod. Beth bynnag, cafodd groeso twymgalon gan y ddau a rhaid oedd iddi gymryd paned o goffi a *Danish pastry*.

Ar ôl gorffen ei phaned a bod yn hynod ofalus i beidio â cholli briwsionyn o'r *pastry* ar y carped hufen nac ar y soffa wen, cododd Hywel ar ei draed a dweud, 'Ma'n siŵr y bysa'n well i ti ddŵad drwadd i weld y jingylarings.'

Roedd hi wedi disgwyl y byddai Hywel yn dangos ac estyn y darnau o emwaith iddi yn y fan a'r lle. Doedd hi ddim wedi disgwyl gorfod ei ddilyn i ryw ystafell arall i'w gweld. Ond ar ôl ei ddilyn, daeth hi'n berffaith amlwg pam.

'Dwi wedi'u gosod nhw allan yn fyma,' medda fo, gan bwyntio at y bwrdd o'i blaen yn y deining rŵm wen.

Bu ond y dim i lygaid Menna neidio o'i phen. Roedd hi wedi dychmygu falla y byddai yna oriawr aur, cwpwl o fodrwyau go neis neu freichled neu gadwyn neu ddwy i ddewis ohonynt, ond erioed hyn! Roedd hi'n union fel camu i mewn i siop jiwylri. Wedi eu gosod allan ar fwrdd y deining rŵm roedd gwerth miloedd ar filoedd o dlysau, clustlysau, breichledi, modrwyau ac ati. Roedd hi'n gegrwth pan welodd yr holl emwaith cain a chywrain. Dylsai Hywel fod wedi llogi dyn o gwmni Securicor i warchod y ffasiwn drysor. Allai Menna ddim cuddio ei syndod.

'Mi oedd hi wedi ca'l rhan fwya ohonyn nhw'n bresanta,' esboniodd Hywel. 'Ma lot fawr ohonyn nhw gan ryw Syltan fuodd Jan yn ei weld am sbel. Dewisia be leci di.'

Roedd gwerth miloedd ar filoedd ar y bwrdd o'i blaen ond doedd Menna ddim eisiau bod yn hafing. Dim ond rhyw fomento bach i gofio am ei ffrind roedd hi eisiau. Beth bynnag, doedd y cadwyni a'r breichledi aur trwchus oedd wedi'u harddurno â gemwaith gwerthfawr ddim yn Menna rywsut, er eu bod yn adlewyrchu personoliaeth Jan i'r dim, yn feiddgar, lliwgar a disglair.

Ar ôl hymian a haian am sbel, daliodd pâr o glustlysau bach cywrain *mother of pearl*, wedi'u haddurno efo aur gwyn, ei llygaid.

'Dim ond rheina wyt ti am gymryd?' gofynnodd Hywel yn syn pan bwyntiodd Menna at ei dewis. 'Dewisa rywbeth arall hefyd siŵr.'

'Ew na, neith rhein yn iawn.'

'Paid â bod yn wirion. Dwyt ti ddim wedi dŵad yr holl ffordd yma dim ond i gael pâr bach o *earrings*! Yli, be am hon hefyd?' Cododd Hywel freichled denau gyda'r un patrwm yn union â'r clustlysau arni. 'Ma hi'n matsio'n berffaith. Cymera honna hefyd.'

'Ew, na, ma'r *earrings* 'ma yn fwy na digon.'

Anwybyddodd Hywel brotestiadau Menna a gwthiodd y freichled i gledr ei llaw a chau'r llaw fechan yn dynn.

'Ma'n well gen i dy weld ti'n ei gwisgo nhw na rhyw

ddieithryn. Dim mwy o dy hen lol di. Rŵan, tyrd drwodd i gael tamaid o *brunch* efo ni.'

Tamaid a deud y lleiaf oedd y *brunch* arfaethedig. Roedd yna wledd wedi'i pharatoi. Tŵr enfawr o grempogau aur efo *blueberries* a *syrup*, cig moch, wyau wedi'u sgramblio, eog mwg, tomatos a myshrwms heb sôn am y myffins ffres. Roedd Menna'n dyfaru rŵan ei bod wedi cymryd y *Danish pastry*.

'Dyma be fydd Derec a finna yn ei gael bob dydd Sadwrn. Setio ni fyny ar gyfer gweddill y dydd, tydi, Derec? Stedda, Menna bach.'

Gwnaeth Menna fel roedd Hywel yn ei ddweud wrthi yn y gegin wen fodern finimalistaidd. Roedd cartref y ddau fel rhywbeth o gylchgrawn *Ideal Homes*. Er bod y gegin yn foel ac yn oeraidd, roedd y croeso'n gynnes.

'Coffi? 'Ta ydi'n well gin ti de?'

'Na, mae coffi'n *champion*, diolch.'

Tolltodd Hywel goffi o'r *cafetiere* i'r tri.

'O'dd Jan wrth ei bodd efo'n *brunches* ni, toedd, Hyw?' meddai Derec, gan cynnig platiad o grempogau euraidd, ffres i Menna. 'Cystal os nad gwell na'r lle 'na'n Mayfair oedden ni'n arfer mynd efo hi. Neu, dyna be o'dd hi'n ei ddeud.'

'Ia,' gwenodd Hywel yn hiraethus. 'A lle da am *brunch* o'dd hwnnw hefyd. Os oeddet ti'n ordro siampên y tŷ, fel oedden ni wastad yn ei neud, roeddet ti'n cael hynny liciet ti o dop yps. Lawer tro dan ni'n tri wedi camu allan o'r lle yn hongian. Wel, naw allan o bob deg tro, deud gwir!'

'A bi-lein wedyn am Fenwick a Fortnum & Mason am sbri,' ategodd Derec.

'*Oh my god*, ia! Warish i gannoedd ar blatia yna un tro. Ar Jan o'dd y bai, yn fy mherswadio i.'

'Y platia Rory Dobner 'na? Oeddet ti ddim angen fawr o berswâd os dwi'n cofio'n iawn,' chwarddodd Derec.

'O'dd y ffernols yn costio saith deg punt.'

'Yr un,' ategodd Derec. 'Oedden nhw'n *bone china*, dwi'm yn deud.'

'Os ti'n licio nhw. Pryna nhw. Dyna ddudodd Jan. Dim iws i ti ddyfaru wedyn. Mi o'dd dawn perswadio Jan yn ddihareb. Welis i neb fatha hi.'

'Nath hi fy mherswadio i i ga'l tatŵ,' gwenodd Menna, gan ddangos ei harddwrn.

'Un fel'na o'dd Jan. Os w't ti isio gneud rwbath, gwna fo. Paid â gadael i neb na dim dy rwystro di, dyna o'dd ei moto hi.'

'Mi ddudodd Jan wrtha i y noson… noson y bu hi…,' llyncodd Menna ei phoer a gallai deimlo'r dagrau'n cronni yn ei llygaid. 'Mi dduodd hi wrtha i am beido â gwastraffu hynny o amser oedd gin i ar ôl. Mi ddudodd hi wrtha i am neud pethau, mynd i lefydd. Am beidio ag ista ar fy mhen ôl adra yn gneud dim byd ond paratoi at fy niwedd.'

'Ddudodd hi rywbeth tebyg wrtha inna ar ôl i mi golli Ceri. O'dd gin i ddim mynadd gweld neb, na mynd i nunlla. O'n i'n meddwl bod fy mywyd inna wedi darfod hefyd.'

'A dyma chdi'n fy nghyfarfod i,' meddai Derec yn annwyl, gan fwytho llaw Hywel.

Gwenodd yntau yn ôl ar ei ŵr. 'A dyma fi'n dy gyfarfod di. Er mod i'n poeni'n uffernol be fysa pobol yn ei ddeud, a finna ond wedi colli Ceri ers ryw flwyddyn a hanner. "Ffwcia nhw!" dyna ddeudodd Jan wrtha i.'

'Ia, ma'n siŵr,' gwenodd Menna.

'A ti'n gwbod be arall ddeudodd hi wrtha i?'

'Be?'

'Tydi o ddim o dy fusnas di, yli, be ma pobol eraill yn ei feddwl ohonat ti. Bacha ar bob cyfla am hapusrwydd gei di, dyna ddudodd hi. A gwna ditha yr un peth, Menna bach.'

'O, dwi'n ei cholli hi,' ochneidiodd Menna a'r dagrau'n mynnu ymwthio i'w llygaid unwaith yn rhagor.

'Rhaid i ni beidio â cholli cysylltiad, ti'n dallt?' meddai Hywel, a'i lais yn gryg a'i lygaid yntau'n llaith. 'Mi oeddet ti'n ffrind agos i Jan, felly ti'n ffrind i ninnau'n dau hefyd.'

Addawodd Menna. Byddai Jan yn llinyn cyswllt rhwng y tri am byth.

'Mi fydd yn rhaid i ti alw draw eto, am swpar tro nesa,' meddai Hywel wrth i Menna roi ei chôt amdani.

'Diolch i chi'ch dau am bob dim.' Cofleidiodd Menna y ddau'n dynn. 'Gewch chi ddod draw ata i tro nesa, er sgin i ddim platia mor grand â rhai chi, chwaith.'

'Duwcs, dan ni ddim yn ffysi, nachdan, Derec? Neith platia papur i ni'n iawn.'

'Hy! Siarada di drosta chdi dy hun, mêt!' meddai hwnnw'n ysgafn.

'Gyrra'n ofalus, Menna bach. Mi welwn ni chdi'n fuan.' Gwasgodd Hywel hi mewn coflaid arall.

Daliai Hywel a Derec i godi llaw arni hyd nes i Menna ddiflannu rownd y gornel. Yna arafodd y car a thynnu i mewn i fan cyfleus. Diffoddodd yr injan, ac estynnodd ei ffôn o'i bag. Chwiliodd ymysg ei chysylltiadau am yr enw. O'r diwedd, cafodd hyd iddo. Deialodd y rhif. Plis, plis, ateba, gwedd ïodd. Plis ateba, cyn i mi golli mhlwc...

'Helô?' Llais clên cyfarwydd i'w glywed ochr arall i'r lein.

Llyncodd ei phoer cyn siarad. 'Ym... Fi sy 'ma, Menna. Mae'n ddrwg gen i mod i heb ateb dy alwadau di... o'n i... o'n i wedi colli'n ffôn ond dwi wedi cael hyd iddo fo rŵan, diolch byth.

Meddwl o'n i, os ydi'r cynnig dal ar gael. Be am ginio ddydd Llun?'

Saib ochr arall i'r lein.

'Ddo'i i dy nôl di am hanner awr wedi un ar ddeg.'

Gallai Menna deimlo'r wên gynnes yn ei lais.

'Well i ti gael y cyfarwyddiadau felly, tydi?' gwenodd hithau, gan gymryd cipolwg sydyn gwerthfawrogol ar y ddau focs bach yn ei bag oedd yn cynnwys y freichled a'r clustlysau. Dau focs o emwaith doedd gan Menna ddim syniad o'u gwerth, a phetai hi yn gwybod beryg y byddai hi wedi gyrru i mewn i'r wal agosaf. Roedd y freichled yn un ddrudfawr, ond roedd y clustlysau bach yn werth dros wyth mil o bunnau – yr un.

Drwg yn y caws

Y CINIO HWNNW ym Mhorthaethwy oedd y cyntaf o laweroedd. Bron yn ddieithriad roedd Richard a hithau yn gweld ei gilydd o leiaf ddwy neu hyd yn oed dair gwaith yr wythnos. Dechreuodd y ddau gyfarfod yn y sba yn wythnosol i gyd-nofio yn y pwll a mwynhau paned a chacen wedyn. Aeth y ddau am dro un diwrnod i Benrhyn Llŷn, dro arall aeth y ddau i gyfeiriad Cricieth a Harlech gan stopio ar y ffordd adref am bryd o fwyd. Teimlai Menna fel glaslances unwaith eto. Roedd Richard yn ŵr difyr a diddorol. Roedd ganddo ddiddordeb mawr mewn hanes a phensaernïaeth, ac er ei fod wedi cael gyrfa lwyddiannus yn yr heddlu cyfaddefodd ei fod yn difaru weithiau na fyddai wedi mynd yn bensaer.

'Wyt ti'n difaru rhywbeth?' gofynnodd i Menna un prynhawn wrth i'r ddau gerdded law yn llaw ar hyd traeth Benllech.

Chwarddodd hithau. 'Lle dwi'n dechrau! Ond dyna ni, fel'na oedd petha i fod.'

'Fel be felly?' pwysodd Richard arni.

'O, hyn a'r llall a'i gilydd, sdi,' meddai Menna'n ysgafn 'Ond mi wn i am un peth dwi ddim yn ei ddifaru,' meddai wedyn gan wenu.

'Be?'

'Mynd i Gran Canaria efo Jan. Tasa hi ddim wedi llwyddo i fy mherswadio i fynd efo hi, fyswn i ddim wedi dy gyfarfod di, na fyswn?'

'Ma hynny ddigon gwir,' gwenodd Richard yn ôl arni, gan wasgu ei llaw yn dynn.

Ar ôl cerdded ar hyd y traeth aeth y ddau yn eu holau i fflat Richard am baned. Roedd Menna wedi bod yno sawl tro bellach ac yntau hefyd yn ymwelydd cyson ym Mhenrallt. Er ei fod heb gyfarfod â Michael a Carol hyd yma, poenai'n dawel bach beth fyddai ymateb y ddau i'w *gentleman friend*. Pan ddaeth Menna yn ei hôl ar ôl bod yn y tŷ bach, roedd merch dal, denau wrthi'n pwnio clustogau'r ddwy soffa yn y lolfa fel petai ei bywyd yn dibynnu ar y weithred.

'Felly dach chi'n iawn i fynd â'r hogiau i'w gwers biano? Wnewch chi ddim anghofio fod y noson wedi newid wsnos yma, 'newch chi?'

'Ia iawn, dim problem siŵr.'

Roedd y ferch yn dal i bwnio'n wyllt a'i chefn tuag at Menna felly sylwodd hi ddim arni'n cerdded i mewn.

'Menna,' cyfarchodd Richard hi, gan wenu'n annwyl. 'Dyma Eirian, ti wedi clywad fi'n sôn lot amdani, do? Eirian, dyma Menna. Dwi mor falch eich bod chi'ch dwy wedi cyfarfod o'r diwedd.'

Trodd y ferch benfelen rownd yn wyllt. 'Dwi ddim wedi eich clywad chi'n sôn dim am Menna chwaith,' meddai hi'n siort. Roedd gwyneb tin arni a dau lygaid glas ei thad yn syllu'n oeraidd ar Menna.

'Naddo? Duwcs, dwi'n siŵr fy mod i, sdi,' meddai Richard yn synhwyro drwgdeimlad ei ferch ac yn ceisio tawelu'r dyfroedd. 'Ddudis i mod i wedi ei chyfarfod hi pan o'n i ar fy ngwyliau yn Gran Canaria efo dy Yncl Neil ac Anti Gloria. A'n bod ni wedi cyfarfod eto yn y pwll nofio ym Mhlas Ceiri. Dwi wedi sôn wrthat ti.'

'Ella eich bod chi wedi sôn rwbath,' medda hi wedyn, gan

edrych ar Menna i fyny ac i lawr fel petai hi'n lwmp o faw ci ar wadan ei hesgid.

Wanwl, meddyliodd Menna a thrio gwenu'n glên ar ferch ei ffrind. Doedd hon yn amlwg ddim yn tynnu ar ôl ei thad.

Yn anffodus, doedd yr ail gyfarfyddiad fawr gwell. Pan landiodd Eirian yr eilwaith a gweld bod gan ei thad ymwelydd, meddai hi'n siort, 'O, wyddwn i ddim bod gynnoch chi fisitor.'

Wrthi'n cael paned a darn o Fictoria sbynj oedd y ddau. Cacen roedd Menna wedi'i phobi'n ffres yn unswydd i Richard y bore hwnnw. Tasa Eva Braun yn eistedd wrth y bwrdd, yr un fyddai'r croeso llugoer.

'Stedda, cymra baned a chacen efo ni.' Cofleidiodd Richard ei ferch yn gynnes ac aeth i'r cwpwrdd i estyn mỳg ar ei chyfer. 'Menna sydd wedi'i gneud hi. Ma hi'n sgit am sbynjys.'

'Dim diolch.' Trodd ei thrwyn ar y sbynj a Menna fel petai'r ddwy'n wenwyn pur. 'Dwi ddim yn aros, dim ond galw'n sydyn i weld os oeddech chi'n iawn. Ma'n amlwg eich bod chi. Felly mi a' i. Ffonia i chi.' Ac megis seren wib, digwyddodd, darfu drwy'r drws.

Synhwyrodd Menna yr embaras a deimlai Richard am ymddygiad ei unig ferch. 'Ma ganddi hi lot ar ei meddwl dyddiau yma. Rhwng ei gwaith a'r hogiau…' medda fynta yn trio gwneud esgusodion drosti.

Na, roedd hi mor glir â jin nad oedd Eirian wedi cymryd at 'ffrind' ei thad o gwbl.

Y bore Llun canlynol, galwodd Richard draw ym Mhenrallt yn gwbl ddirybudd. Hwn oedd y tro cyntaf iddo alw heb drefnu o flaen llaw.

'Wel, dyma be ydi syrpréis neis, o'n i ddim yn disgwyl dy weld ti tan fory ym Mhlas Ceiri,' meddai Menna'n falch, gan roi dŵr yn y tegell ar gyfer gwneud paned i'r ddau.

Ynganodd Richard yr un gair, dim ond eistedd yn dawel a'i ben i lawr wrth y bwrdd. Doedd hyn ddim fel Richard, ddim fel y fo o gwbl, meddyliodd Menna. Anghofiodd am y baned ac aeth i eistedd i lawr wrth ei ochr.

'Oes rhywbeth yn mater, Richard?' gofynnodd yn dawel.

Cododd ei ben a syllodd ei lygaid glas i fyw ei llygaid.

'Be sy, Richard bach?'

Llyncodd Richard ei boer ac ymhen hir a hwyr, medda fo gan ysgwyd ei ben, 'Eirian'.

Sylwodd Menna ar y crygni a'r tristwch yn ei lais.

'Eirian? Tydi hi ddim yn dda? Be sy mater efo hi?' gofynnodd yn llawn consýrn.

Richard druan, allai Menna feddwl am ddim byd gwaeth na'ch plentyn yn wael. Er ei flerwch a'i ffyrdd od, doedd Menna ddim yn gwybod be fysa hi'n ei wneud tasa Michael yn cael ei daro'n wael.

'Na, na, ma hi'n iawn,' prysurodd Richard i ddweud. 'Wel, mae ei hiechyd hi'n iawn, beth bynnag.'

'Be sy, 'ta?'

Tybed oedd hi a'i gŵr yn gwahanu? Fyddai Menna ddim yn synnu. Un oriog iawn oedd Eirian ac roedd hi'n amau'n gry nad oedd hi'n un hawdd iawn i fyw efo hi. Wel, dyna'r argraff roedd hi wedi ei chael ar ôl ei chyfarfod ddwywaith.

'Pan ofynnodd Eirian i mi neithiwr os fyswn i'n gallu gwarchod ar ôl ysgol nos Iau oedd rhaid i mi wrthod,' esboniodd Richard, gan syllu i lawr ar y bwrdd o'i flaen. 'A phan ddeudes i'r rheswm pam, fy mod i wedi trefnu i fynd am dde owt efo chdi... Wel... Wel, nath hi ddim cymryd y peth yn dda iawn, ma arna i ofn.'

'Be ti'n feddwl "Wnaeth hi ddim cymryd y peth yn dda iawn"?'

'Wel, mi wnaeth hi ypsetio braidd. Ges i dipyn o le efo hi a deud y gwir.'

'Ond pam, neno'r tad?'

Cliriodd Richard ei wddw fel petai rhyw nerfusrwydd neu swildod wedi dod drosto.

'Dwi'n meddwl, be sy...' cliriodd ei wddf eto. 'Be ydi o yn y bôn ydi... tydi hi ddim yn hapus bod ni'n dau yn gweld ein gilydd. Ddeudodd hi fy mod i'n bradychu cof ei mam a phob mathau o betha erill wna i ddim i fanylu amdanyn nhw yn fyma efo chdi rŵan... Dwi ddim yn gwybod be i neud efo hi. Dwi erioed wedi ffraeo efo hi o'r blaen. O'dd hi wastad yn agos at ei mam.... ond 'nes i rioed feddwl y bysa hi fel hyn. Wel, 'nes i rioed feddwl y byswn i yn y sefyllfa yma... y byswn i mor ffodus â chyfarfod rhywun arall ar ôl Gwen.'

'Yli, Richard, dwi ddim isio dŵad rhwng tad a merch. Dyna'r peth diwetha dwi isio ei neud. Fedrwn ni fynd am ein de owt rhywbryd eto.'

'Na,' meddai Richard a phendantrwydd yn ei lais. 'Na. Mi rydan ni wedi trefnu i fynd i Lerpwl dydd Iau, felly mi ydan ni'n mynd dydd Iau. Ma gen inna hawl i gael bywyd hefyd. Ac mae'n rhaid i Eirian ddallt hynny. Ond dwi rioed wedi ffraeo am ddim byd efo hi o'r blaen. ''Nes i ddim cysgu fawr neithiwr, ag o'n i jyst isio dy weld ti i mi gael bwrw mol. Gobeithio nad wyt ti'n meindio mod i wedi galw fel hyn.'

Gwenodd Menna arno. 'Ddim o gwbl. Dwi'n falch dy fod ti wedi dŵad draw. Yli, dwi'n siŵr y daw Eirian at ei choed, sdi. Jyst rho amser iddi.'

Gwenodd Richard arni a mwythodd ei boch. Plygodd ei ben ymlaen a chusanodd ei gwefusau.

'Ew, dwi wedi bod yn lwcus dy ffeindio di, Menna Williams.'

Ffrindiau ydan ni

'DACH CHI'N MYND allan *eto* heno?

'Yndw. Oes 'na rywbeth o'i le ar hynny, ngwas i?'

'Be sy 'na i swpar?' Roedd bol Michael yn rymblian yn o arw.

'Wn i'm, be ti ffansi ei neud?'

Roedd Menna wedi glynu at ei gair i beidio â dandwn ei mab a'i merch yng nghyfraith. Er yr oedd hi'n anodd drybeilig goddef y llanast yn ei chegin, y dillad a'r tywelion tamp ar lawr y stafell molchi. Cyfrai Menna i ddeg os nad i bymtheg yn aml pan fyddai ei charped yn un o flew ci. Digalonnai'n lân pan fyddai'r ddwy bomerenian yn rhuthro i mewn o'r ardd ar ôl cael hwyl garw yn tyrchio yn ei gwely blodau, a gadael stremps pawennog mwdlyd ar deils golau'r gegin. Roedd Menna'n argyhoeddedig fod 'na frid teriar yn *genes* y ddwy ast yn rhywle. Dim ond gobeithio y byddai gorfod dioddef y blerwch a'r llanast yn cael y maen i'r wal yn y diwedd.

'Ella yr a'i i siop jips, 'ta.'

Ers i'w fam fynd ar streic roedd Michael yn gwsmer rheolaidd yn y siop jips leol.

'Pryd fydd Carol adra?'

'Wn i'm. Ma hi'n mynd allan am fwyd efo genod gwaith.'

'Efo pwy dach chi'n mynd allan heno ma, 'ta?' holodd Michael gan wneud brechdan gaws, tamaid i ddisgwyl pryd iddo fo ei hun. Ceisiodd Menna anwybyddu'r briwsion, y gyllell a'r menyn a'r stremps seimllyd a adawyd ar y wyrctop ar ei ôl.

'Hywel a Derec.'

'O, ddim efo'r boi 'na.'

Stopiodd Menna smwddio yn y fan a'r lle a mentro gofyn, 'Pa foi?'

'Hwnna sy'n eich tecstio a'ch FfesTeimio chi bob dau funud, dwi wedi sylwi arnoch chi'n codi a mynd drwodd bob tro ma'ch iPad chi'n pingio. Car ncis ganddo fo hefyd,' meddai Michael, gan siarad lond ei geg.

Cochodd Menna at ei chlustiau. 'Sut w't ti'n gwbod hynny?'

'Welis i o'n gadael fyma pan o'n i'n cyrraedd adra o 'ngwaith pnawn dydd Gwenar diwetha. Pwy ydi o, 'ta?' Cymerodd Michael frathiad hegar arall o'i fechdan.

'Fysat ti ddim yn ei nabod o. Tydi o ddim o ffordd yma.'

'Be 'di enw fo? Ma gin y boi enw, does?'

'Richard. A phaid â'i alw fo'n boi a phaid â siarad efo dy geg yn llawn.'

'Lle gawsoch chi afa'l ar y Richard 'ma, 'lly? Ar y we?'

'Ar y we? Be haru ti!'

'Lle wnaethoch chi ei gyfarfod o, 'ta?'

'Os oes raid i ti gael gwybod, Gran Canaria.'

'Gran Canaria! Be gawsoch chi, holide romans?' chwarddodd Michael. 'Wel, wir.'

'Callia, hogyn! Ches i ddim holide romans na unrhyw romans arall, dallta. Perthyn i ffrindiau Jan oedd o. Naethon ni gyfarfod felly.'

'Tynnu'ch coes chi, siŵr. A mi wnaethoch chi gadw mewn cysylltiad ers hynny?'

'Brenin mawr, naddo! Digwydd taro arno fo 'nes i, rhyw chwe mis neu fwy wedyn ym Mhlas Ceiri. Mae o wedi symud i fyw i Benllech.'

'Handi. Lot agosach na Gran Canaria.'

'Rho gora iddi. Dim ond ffrindiau ydan ni,' pwysleisiodd Menna.

'Iawn, 'de.'

'Be?' Doedd Menna ddim wedi disgwyl i'w mab ymateb fel hyn.

'Iawn, 'de. Iawn bo gynnoch chi "ffrind" fel dach chi'n licio ei alw fo.' Gwnaeth Michael arwydd mewn dyfynodau efo'i fysedd.

'Ti ddim yn meindio felly?'

'Meindio? Pam fyswn i'n meindio? Ylwch, Mam, mi gawsoch chi fywyd *shit* efo Dad. O'dd o'n eich trin chi fatha cachu.'

'Paid â siarad fel'na am dy dad, Michael.'

'Ma'n wir, tydi? O'n i yn casáu'r bastad. O'n i'n casáu'r bastad am y ffordd o'dd o yn ein trin ni. Yn enwedig y chi, yn eich trin chi fel sgifi ac yn mocha efo merched erill dan eich trwyn. Dach chi'n haeddu rhywun sy'n eich trin chi'n dda ac yn eich parchu chi. Reit, dwi'n mynd i nôl tships.'

Dyna'r araith hiraf i Menna ei chlywed yn dod allan o enau ei mab erioed. Roedd hi'n gegrwth. Wyddai hi ddim fod Michael yn ymwybodol o affêrs ei dad. Roedd yntau fel hithau wedi dewis cau ei lygaid i fisdimanars Glyn.

Aroglodd ryw oglau llosgi mawr. Damia ddu ulw las! Cododd yr hetar smwddio yn wyllt oddi ar y flows roedd hi wedi bwriadu ei gwisgo y noson honno. Syllodd yn ddigalon ar y twll yn ei llawes.

Arweiniwyd Menna, Hywel a Derec i'w bwrdd yn y tŷ bwyta. A hithau'n ddiwrnod pen blwydd Jan roedd Hywel wedi rhoi gwahoddiad i Menna fynd allan am bryd o fwyd efo'r ddau er mwyn codi gwydriad neu ddau er cof amdani. Cyn i'r tri eistedd i lawr bron, ordrodd Hywel botel o'r siampên gorau oddi ar y rhestr win. Doedd Menna erioed wedi bod yn y tŷ bwyta hwn. Nid yn unig roedd o'n ddrud drybeilig ond roedd hi bron yn amhosib cael bwrdd yno, ac roedd rhaid bwcio fisoedd os nad blwyddyn neu ddwy o flaen llaw.

Mwynhaodd y tri bryd bendigedig, yn wir ni flasodd Menna fwyd tebyg erioed. Er pan sylweddolodd Menna mai nid dewis oddi ar y fwydlen oedd y drefn ond yn hytrach cael dewis y *chef*, roedd hi braidd yn amheus a dweud y lleiaf. Be petai hi ddim yn licio beth fyddai'n cael ei roi o'i blaen? Licio fo neu beidio, byddai'n rhaid iddi ei fwyta fo ryw ffordd neu'i gilydd. Ond doedd dim rhaid iddi boeni o gwbl, yn wir cafodd ei siomi o'r ochr orau. Roedd pob cwrs fel petai'n rhagori ar y cwrs diwethaf. Roedd Menna wedi dotio. Byddai rhaid iddi ddod yno efo Richard ryw dro, meddyliodd. Roedd y ddau wrth eu boddau yn mynd allan i fwyta i wahanol dai bwyta.

'Ti'n mwynhau, Menna?' meddai Hywel, gan dollti mwy o siampên i'w gwydr. Yr ail botel iddo ei hordro y noson honno.

'Wrth fy modd, diolch.' Ond yna daeth cysgod dros ei hwyneb, a meddai hi wedyn: 'Biti na fyddai Jan yma efo ni.' Chwaraeodd yn anymwybodol efo'r freichled werthfawr ar ei garddwrn.

'I fyma oeddan ni wastad yn dŵad i ddathlu ei phen blwydd,' meddai Hywel a thinc hiraethus yn ei lais. 'Yfed siampên drwy'r nos a phryd o fwyd arbennig, 'te, Derec?'

'Un dda oedd hi,' gwenodd Menna. 'Doedd 'na neb fatha hi.'

'A fydd 'na neb chwaith,' ategodd ei brawd.

Clywyd cri tectslyd o ffôn Menna.

'Ma'n ddrwg gen i, ddylwn i fod wedi'i ddiffodd o,' ymddiheurodd yn llaes, gan anwybyddu'r gri. 'Ond fiw i mi, neu mi ga i row gan Michael a Carol.'

'Well i ti jecio i weld pwy sy 'na, rhag ofn ei fod o'n bwysig?' awgrymodd Derec.

'Michael fydd 'na, methu cael hyd i'r botel finag ar gyfer ei jips ma'n siŵr.' Yna cofiodd fod 'na rywun arall yn anfon negeson ati bellach.

Estynnodd am ei ffôn, a gwenodd. Richard oedd yno yn cadarnhau ei fod wedi bwcio tocyn trên a gwesty i'r ddau i fynd i Lundain am ddwy noson ym mis Tachwedd. Roedd 'na arddangosfa arbennig yn Amgueddfa Victoria and Albert roedd Richard yn awyddus i'w gweld ac roedd o wedi cynnig i Menna fynd efo fo'n gwmni am y penwythnos. Dwy ystafell wrth reswm. Roedd Menna'n edrych ymlaen.

'Ydi o wedi cael hyd i'r finag?' holodd Hywel.

'Ymm... ddim gan Michael oedd y neges.'

'O?' Cododd Hywel ei aeliau trwchus yn awgrymog. 'Deuda fwy, madam.'

'Tecst gan ffrind ydi o.'

'Ffrind? Pa fath o ffrind? Dyn, 'ta dynes?' holodd Hywel eto.

Ochneidiodd Menna. Ditectif ddylai Hywel fod, ddim arlunydd. 'Dyn... Richard ydi ei enw fo.'

'Wel, wel! *You dark horse*, Menna Williams. Duda fwy!'

Felly esboniodd Menna i'r ddau am ei chyfeillgarwch efo Richard. Sut y bu i'r ddau gyfarfod yn Gran Canaria y noson dyngedfennol honno. Soniodd sut y bu iddyn nhw daro ar ei gilydd ym mhwll nofio y sba. Eu bod wedi trefnu i gael cinio bach ond ei bod hi wedi cael traed oer a ddim wedi ateb ei alwadau ffôn ac wedi anwybyddu ei negesuon tecst. Ond ar ôl eu sgwrs am Jan y dydd Sadwrn hwnnw efo Hywel a Derec, yr oedd wedi newid ei meddwl, a byth ers hynny roedd y ddau wedi bod yn treulio dipyn go lew o amser hefo'i gilydd.

'Dim ond ffrindia ydan ni,' pwysleisiodd wedyn. 'Dan ni'n

mwynhau cwmni'n gilydd, dan ni'n mynd i'r pictiwrs, mynd allan am bryd o fwyd, mynd i weld drama, mynd am dro. Cwmpeini fwy na dim byd.'

'Cwmpeini? Gwranda, del, os wyt ti isio cwmpeini, pryna gi. Ma'r Richard yma yn swnio'n fwy na cwmpeini 'swn i yn ei ddeud. *Friends with benefits*, ia?' Winciodd Hywel arni'n bryfoclyd.

'Gad lonydd iddi, Hywel, ti'n gneud i Menna gochi. Paid â gwrando ar ei lol o,' meddai Derec wrthi'n ysgafn.

'Ffrindiau ydan ni a dim byd arall. Ma Richard yn *gentleman*.'

'Biti.' Crychodd Hywel ei drwyn a chymryd dracht mawr o'i siampên.

'Be haru ti? Ma'r siop yma wedi cau ers blynyddoedd dallta!'

'Wel, mater bach ydi datgloi'r drws, 'te,' meddai Hywel, gan roi winc arni. 'Tydi'r siop ddim wedi cael ei chondemnio na'i chwalu naddo? Ma hi dal yna, tydi? Digon hawdd ydi cael gwared o'r hen we pry cop. *Use it or lose it*, Menna bach.'

Fyddai Jan byth farw tra y byddai Hywel yn fyw, meddyliodd. Doedd o yr un ffordd â'i chwaer fach yn union? Allai hi ddim credu eu bod yn trafod y ffasiwn beth. I ddweud y gwir mi oedd hi wedi mynd i deimlo reit anghyfforddus. Dim ond efo un dyn roedd Menna wedi cysgu erioed, sef Glyn. Ac ar wahân i flynyddoedd cyntaf eu priodas, prin iawn oedd yr adegau o garu rhwng y ddau. Ar waethaf yr holl flynyddoedd gallai hi bron iawn gyfri ar un llaw sawl gwaith roeddan nhw wedi ymdrybaeddu mewn ychydig o garu mawr. Ac os cofiai Menna'n iawn, pan oeddan nhw wedi ildio i bleserau'r cnawd, gweithred ddigon trwsgl, ddibleser a byrhoedlog oedd hi wedyn.

Yn dawel bach, mi oedd y mater yma wedi bod ar ei meddwl ers wythnosau. Roedd Richard a hithau wedi symud ymlaen o gusan blatonig ar y foch i gusan gariadus ar y wefus. Cerddai'r ddau law yn llaw pan fyddent allan ar ddêt. Profiad cynnes braf ond cwbl ddieithr i Menna. Oedd Richard yn awyddus i fynd â'u perthynas i'r lefel nesaf? Oedd hi eisiau hynny? Oedd hi'n barod am hynny? Ond falla nad oedd gan Richard unrhyw fwriad o ddatblygu eu perthynas ymhellach. Falla ei fod o'n gwbl fodlon efo pethau fel ag yr oedden nhw. Pwy a ŵyr? Roedd yr holl ansicrwydd yma'n boen ar ei meddwl. Petai Jan yn fyw, mae'n debyg y byddai hi wedi cyffesu ei phryderon wrthi. Be fyddai ei chyngor hi, tybed? O nabod Jan, dweud wrthi am fanteisio ar bob cyfle, mwn.

Fel petai Hywel yn gallu darllen ei meddyliau, datganodd hwnnw, 'Os w't ti isio fy nghyngor i...'

'Tydi hi ddim,' meddai Derec, a oedd yn wahanol iawn i Hywel, wedi synhwyro anesmwythdod eu ffrind.

'Wel, ma hi'n mynd i'w gael o, eniwe,' mynnodd Hywel, gan gario yn ei flaen. 'Fel ma'r hen Feibl mawr yn ei ddeud, "Profwch bob peth... a deliwch wrth yr hyn sydd dda." Ac os ydi'r secs yn dda efo Richard, wel, *carry on!*'

'Ti'n siŵr mai yn y Beibl mae o'n deud hynny?' cwestiynodd Derec.

'Be? Os ydi'r secs yn dda, *carry on*?'

Trodd y cyplau ar y ddau fwrdd agosaf a syllu'n gegagored ar y triawd. Fel Jan ei chwaer, roedd gan Hywel yntau gloch wrth bob dant. Syllent yn hyll ar y tri'n glana chwerthin nes oedd y dagrau'n powlio i lawr eu hwynebau.

Rhywbeth bach yn poeni pawb

Estynnodd Menna ei choban o'i chês bach a'i chadw dan y gobennydd. Edrychodd o gwmpas y stafell foethus, y tro diwethaf iddi aros mewn gwesty oedd yn Gran Canaria efo Jan. Bobol bach, roedd 'na lot o ddŵr wedi mynd dan y bont ers hynny, meddyliodd. Lot gormod. Er bod y dagrau yn mynnu pigo yn ei llygaid, gwenodd. Be fyddai Jan yn ei ddweud amdani'n treulio penwythnos yn y ddinas fawr ddrwg efo dyn, tybed?

'Da ti 'ogan! Well na bod adra yn paratoi am y diwedd, tydi?'

Tybed be oedd Richard yn wneud yn ei stafell rŵan? meddyliodd. Oedd yntau hefyd yn stwffio ei byjamas o dan y gobennydd? Ai siorts ynte trowsus hir oedd o'n wisgo tybed? Falla ei fod o'n cysgu yn ei drôns? Neu falla ei fod o'n cysgu'n noeth? Gwthiodd Menna y darlun o'i phen cyn cynted ag y daeth o. Roedd meddwl am Richard heb gerpyn amdano yn gwneud iddi anesmwytho rhyw fymryn ond nid mewn ffordd amhleserus, i'r gwrthwyneb a dweud y gwir. Callia Menna, ceryddodd ei hun.

Serch hynny, mi roedd 'na rywbeth yn tynnu'r sglein oddi ar eu trip i Lundain ac mi roedd o'n ei phoeni hi braidd. Neu yn poeni Richard a bod yn fanwl gywir. Doedd o ddim yn fo ei hun. Ddim o bell ffordd. Roedd o'n dawel. Prin ddwedodd o air o'i ben ar y trên wrthi. Fel arfer fyddai ei geg o ddim yn cau, byddai'n llawn straeon difyr am hwn a'r llall. Dyna un peth atyniadol amdano. Doedd dim rhaid iddi boeni am seibiau anghyfforddus yng nghwmni Richard. Ond yn y car y bore hwnnw pan ddaeth o draw i'w nhôl hi, roedd o'n dawedog a di-hwyl. O'r eiliad eisteddodd o i lawr yn ei sedd ar y trên, caeodd ei lygaid a phendwmpian am y rhan fwyaf o'r daith. Pan fagodd Menna ddigon o blwc yn Crewe, i ofyn iddo os oedd o'n olréit, gwenodd yn wan a dweud ei fod wedi blino braidd ar ôl codi mor blygeiniol. Ond gwyddai Menna mai esgus tila oedd hwnnw. Gwyddai'n iawn ei fod yn foregodwr heb ei ail, sawl gwaith roedd o wedi sôn wrthi ei fod yn deffro i synau rhaglen *Today* ar Radio 4 yn y bore? Ar ôl Milton Keynes cuddiodd tu ôl i bapur newydd y *Times* nes cyrraedd Euston. Ac ar ôl cyrraedd, doedd pethau fawr gwell. Wedi gollwng eu cesys yn y gwesty, aeth y ddau am damaid o ginio i Covent Garden ac yna ymlwybro'n hamddenol yn y piazza yn cael sbec yn y siopau ac ar y cynnyrch ar werth yn Apple Market. Ond roedd cael sgwrs allan o Richard fel cael gwaed allan o garreg.

Falla ei fod yn dyfaru dod efo fi i Lundain. Falla ei fod yn awyddus i ddod â'n cyfeillgarwch i ben, meddyliodd tra roedd hi'n sychu ei gwallt ar ôl cawod sydyn cyn mynd allan am bryd o fwyd y noson honno. Yna trawodd hi'n sydyn, a stopiodd sychu ei gwallt yn y fan. Doedd Richard ddim yn dda. Dyna beth oedd yn bod. Dyna pam ei fod mor ddi-hwyl, dyna pam y blinder, roedd o'n sâl. Rhoddodd ei stumog dro a dechreuodd ei chalon guro'n gyflymach. Plis Dduw, na, meddyliodd. Ddim eto. Alla i ddim ymdopi efo colli dau ffrind.

Roedd y ddau wedi bwcio bwrdd mewn tŷ bwyta ar y South Bank ar ôl i Hywel ei argymell. Allen nhw ddim fod wedi cael gwell chwarae teg. Edrychent allan ar yr afon Tafwys hefo cadeirlan fawreddog Sant Paul yn y cefndir. Cytunodd y ddau mai dyma'r stecan orau iddyn nhw ei blasu ers sbel. Roedd yn toddi yn eu cegau. Roedd Menna wedi gobeithio y byddai Richard yn fwy fel fo ei hun erbyn hynny, ond roedd o'n dal yn dawedog.

Cymerodd lwnc mawr o'i gwin coch. Roedd hi wedi edrych mlaen cymaint i'r penwythnos yma. Doedd hi ddim wedi bod yn Llundain ers blynyddoedd, ddim ers y trip hwnnw a drefnodd Glyn fel sypréis iddi yr holl flynyddoedd yna'n ôl. Roedd hi wedi edrych ymlaen cymaint i gael gweld y ddinas eto. Ymweld â'r atyniadau yng nghwmni dyn difyr atyniadol. Ond roedd 'na rywbeth am y lle mae'n rhaid. Siomiant oedd ei thrip dros hanner can mlynedd yn ôl, ac roedd hi'n edrych yn bur debyg fod y penwythnos yma yn mynd i'r un perwyl.

Roedd hi'n noson rewllyd o fis Tachwedd, ac ar ôl gorffen eu pryd bwyd cerddodd y ddau yn ôl i'w gwesty ar hyd y South Bank.

'Ti'n iawn?'

Ar ôl yfed mwy na hanner y botel o win coch roedd Menna wedi magu digon o blwc i ofyn eto i Richard. Roedd yn rhaid iddi gael gwybod beth oedd yn ei boeni. Allai ddim treulio'r penwythnos cyfan yng nghwmni meudwy, hyd yn oed os oedd y meudwy hwnnw yn ddyn gwael.

'Yndw tad. Chditha?'

'Dwi'n *champion*,' atebodd Menna, gan roi'r pwyslais ar y 'dwi'.

Saib hir wedyn rhwng y ddau. Triodd Menna eto.

'Lle braf ydi'r ardal yma, 'te.'

'Mmm. Braf iawn.'

'Ti ffansi mynd i fyny'r London Eye fory, os ydi hi'n glir? Dwi wastad 'di isio mynd arni.'

'Ia, os t'isio.'

Coblyn o beth anodd oedd cynnal sgwrs unochrog. Er bod

Richard efo hi'n gorfforol, gwyddai nad oedd o efo hi go iawn. Gwyddai fod 'na rywbeth mawr yn ei boeni.'

Cerddodd y ddau yn eu blaenau ac am rai munudau ynganodd yr un o'r ddau air o'u pennau. Ond allai Menna ddim diodda mwy o'r tawelwch dieithr yma.

'Be sy, Richard?'

'Be ti'n feddwl, be sy?'

Stopiodd y ddau gerdded.

'Ti'n siŵr fod bob dim yn iawn?'

'Yndi, tad.'

'Ti ddim yn chdi dy hun o gwbl.'

'Be ti'n feddwl?'

'Drwy'r dydd ti wedi bod yn dawel iawn. Dwi'n poeni amdanat ti.'

'Sdim isio i ti boeni amdana i o gwbl, Menna fach, dwi'n *champion*.'

'Nagw't, dwyt ti ddim. Yli, os dwyt ti ddim yn dda… mi fyddai yna'n gefn i ti. Ddown ni drwyddo fo efo'n gilydd. Ond ma'n rhaid i ti siarad efo fi a…'

'Be?' torrodd Richard ar ei thraws yn wyllt. 'Ti'n meddwl mod i ddim yn dda?'

Nodiodd Menna ei phen. 'Dwi wedi bod yn poeni fod 'na rywbeth mawr yn bod arnat ti.'

'O, Menna fach, fy nghariad i. Ma'i mor, mor ddrwg gen i mod i wedi gneud i ti feddwl hynny.'

'Felly, dwyt ti ddim yn wael?'

'Dwi cyn iachad â chneuen, wel, heblaw yr hen *angina* ma sy gin i.'

'Felly os nad wyt ti'n sâl, be sy'n bod, Richard?'

'Tyrd, awn ni ista ar y fainc 'na'n fancw.'

Roedd curiadau ei chalon wedi treblu o fewn y munudau

diwethaf. Roedd ei stumog yn corddi ac roedd gwir beryg i'r holl win coch yna ailymddangos. Ceisiodd sadio ei hun ac ymwroli. Gwyddai'n iawn be oedd yn dod nesaf. Am le i ddweud wrthi. Allai byth edrych ar Big Ben na'r Tŷ Cyffredin eto heb gael ei hatgoffa. Allai hi byth wylio Newyddion Deg byth eto, byddai bongs Big Ben ar y rhaglen yn ei hatgoffa o'r foment yma am byth. Y foment pan orffennodd Richard efo hi.

Llyncodd ei phoer. 'Fyddai ddim dicach, sdi. Ond ma'n rhaid i mi ddeud dwi 'di mwynhau'r misoedd diwetha 'ma'n arw. Ond dwi'n dallt yn iawn os nad w't ti isio i ni gario yn ein blaena...'

Trodd Richard ei ben yn wyllt a syllu i fyw ei llygaid. 'Ddim isio i ni gario yn ein blaena? Be nath i ti feddwl hynny?'

'Wel, ti newydd ddeud wrtha i nad w't ti'n wael, wel, un ai hynny neu dy fod ti isio dŵad â phetha i ben rhyngthon ni'n dau.'

Gwenodd Richard arni'n wan. 'Dwi ddim yn wael a dwi ddim isio dŵad â phetha i ben. Gafaelodd yn ei llaw yn gysurlon. Daeth ton o ryddhad drosti a gallai deimlo curiadau ei chalon yn setlo i rythm callach unwaith eto. Gwenodd arni'n dyner. 'Ond y rheswm dwi wedi bod yn dawel ydi am fy mod i isio gofyn rhywbeth i chdi, ond dwi'n poeni'n enaid be fydd dy ymateb di.'

'Wel, gofynna a mi gei di wybod,' meddai Menna'n ysgafn ond ei bol yn troi.

'Dwi ofn dy bechu di drwy ofyn... a difetha petha rhyngthom ni.'

'Dwi'n amau hynny rywsut.'

Llyncodd Richard ei boer ac edrychodd ar draws yr afon. Medda fo ar ôl sbel hir a chrafu ei wddf. 'Dwyt ti ddim yn meddwl bod dwy stafell yn ddrud braidd?'

'Wel yndi, ma'n siŵr eu bod nhw, yn enwedig yn Llundain,'

atebodd Menna'n ddryslyd. Doedd hi ddim yn hollol siŵr i ba gyfeiriad roedd y sgwrs yma'n mynd. Roedd hi wedi cynnig talu am ei stafell a'i thocyn trên ond roedd Richard wedi mynnu ei fod o'n talu.

Crafodd Richard ei wddf unwaith yn rhagor. 'Be dwi'n drio ei ddeud yn fy ffordd drwsgwl fy hun ydi, wel... wel... hynny ydi... ella mai dim ond un stafell 'da ni ei hangen.' Trodd ei ben a syllu i fyw ei llygaid. "Swn i wrth fy modd tasa ni'n fwy na dim ond ffrindiau, Menna. Ond dwi'n dallt yn iawn ac yn parchu os ydi'n well gen ti i betha aros fel ma'n nhw. Aros yn ffrindia'n unig.'

Mwythodd Menna ei foch wridog yn addfwyn. Gwenodd a phlygodd ei phen ymlaen a chusanodd ei wefusau. Yn dyner i ddechrau ac yna'n galetach. Cusanodd Richard Menna yn ôl. Yr un mor galed ac angerddol waeth beth oedd neb yn ei feddwl wrth weld dau bensioniêr yn snogio o'i hochr hi o flaen y Royal Festival Hall.

'Tyrd, awn ni'n ôl i'r gwesty,' sibrydodd Richard yn floesg, gan afael yn ei llaw.

Gorweddai Menna yn dynn ym mreichiau Richard. Gwrandawodd ar ei anadlu rhythmig tawel wrth ei hochr. Mor wahanol i rochiadau Glyn. Mor wahanol i Glyn, ffwl stop! Gwenodd a chlosiodd yn dynnach yn ei freichiau.

Roedd hi mor ffodus. Mor, mor ffodus i gyfarfod dyn fel Richard. Na, doedd hi byth yn rhy hwyr. Ella ei bod hi yng nghyfnos ei dyddiau ond torrodd gwawr newydd sbon ar ei byd.

Stwriodd Richard wrth ei hochr a deffro. Gwenodd a chusanodd ei thalcen yn dyner.

'Bore da,' meddai wrthi'n gariadus. Yna diflannodd y wên

a chododd ar ei eistedd yn wyllt. 'Be sy? Pam ti'n crio?' Roedd ei lais yn llawn consýrn wrth weld y deigryn unig yn syrthio i lawr ei boch.

'Hapus dwi.' Sychodd Menna y deigryn efo'i llaw a gwenu. 'Mor, mor hapus.'

Dach chi prin yn nabod y ddynas

'**D**ACH CHI 'DI be?'
'Dyweddïo.'

Syllodd Michael a Carol yn gegrwth ar y fodrwy aur gwyn hefo'i hun deiamwnt llachar ar fys Menna. Gwenai Richard a hithau fel dwy giât.

'I be wnawn ni witsiad a rhyw hen lol felly. Tydan ni'n dau ddim yn *spring chickens* o bell ffordd,' meddai Richard, gan roi ei fraich yn gariadus o gwmpas ysgwydd ei ddyweddi.

'Dwi isio bod efo chdi, Menna. Dwi isio deffro fel hyn efo chdi, bob bora am weddill fy oes.' Dyna oedd geiriau Richard y bore hwnnw pan ddeffrodd wrth ei hochr yn eu gwely yn y gwesty. 'Dwi isio treulio gweddill fy mywyd, hynny sy gen i ar ôl, efo chdi. Plis, duda dy fod titha isio yr un peth. Plis wnei di 'mhriodi i?'

Allai Menna wneud dim byd ond nodio ei phen. Os oedd hi ar ben ei digon ynghynt, roedd cwestiwn Richard wedi achosi i'r llifddorau agor o ddifri a'r dagrau i lifo i lawr ei hwyneb. I feddwl llai na phedair awr ar hugain yn ôl roedd hi'n meddwl yn siŵr fod Richard eisau dod â'u perthynas i ben, a dyma fo rŵan newydd ofyn iddi fod yn wraig iddo.

Treuliodd y ddau y bore yn chwilio am fodrwy, yna aethant am ginio bach i ddathlu mewn bwyty Eidalaidd. Allai Menna ddim tynnu ei llygaid oddi ar y deiamwnt ar ei bys.

'Be ti'n feddwl ddudith Eirian?' holodd Menna, yn gwybod yn iawn be fyddai hi'n ei ddweud, neu'n amau'n gryf.

'Gad ti Eirian i fi. Unwaith y gwneith hi sylweddoli pa mor hapus ydw i, mi fydd hithau, maes o law, yn hapus drosom ni hefyd.'

Sylwodd Menna'n syth ar y 'maes o law'. Dim ond gobeithio na fyddai'n cymryd yn rhy hir i Eirian dderbyn a chroesawu perthynas ei thad a hithau.

Ar ôl dod dros y sioc gychwynnol, ysgwydodd Michael law ei ddarpar lysdad yn gynnes.

'Llongyfarchiadau mawr i chi'ch dau. Dach chi'n ddyn lwcus iawn. Ma Mam yn ddynas sbesial iawn. Ma hi'n haeddu ychydig o hapusrwydd yn ei bywyd a mi ydach chi i weld yn ei gwneud hi'n hapus iawn.'

Daeth lwmp mawr i wddw Menna. Roedd Michael yn hollol ddidwyll ac yn golygu pob gair. Ond roedd ei wraig wedi cael ei lluchio oddi ar ei hechel braidd.

'Pryd ma'r diwrnod mowr, 'te?' gwenodd Carol drwy ei dannedd, gan fethu tynnu ei llygaid oddi ar y graig ar fys ei mam yng nghyfraith. O faint y deiamwnt oedd yn wincio'n hy arni roedd y fodrwy wedi costio ceiniog neu ddwy.

'Bobol bach, rhowch gyfle i ni,' chwarddodd Richard.

'Tydan ni ddim wedi cael cyfle i feddwl yn iawn eto, naddo, Richard?' ategodd Menna. 'Wyddoch chi be, ma gin i botel o siampên yn cwpwrdd 'ma. Presant pen blwydd gan Hywel a Derec, be am i ni ei hagor hi?'

'Syniad da!' gwenodd Richard, gan rwbio ei ddwy law efo'i gilydd.

'Ond so fe wedi tshilo. Allwn ni ddim yfed siampên twym!' protestiodd Carol, gan droi ei thrwyn fel petaen nhw ar fin yfed gwydriad o baraffîn.

'Duwcs, dio'm ots siŵr,' meddai Michael, yn edrych ymlaen i gael gwydriad neu ddau o bybli, cynnes neu beidio. 'Estynnwch hi, Mam.'

Estynnodd Menna y botel a'i phasio'n otomatig i Richard i'w hagor.

Roedd y datblygiadau diweddaraf yma yn mynd i gael effaith bellgyrhaeddol iawn arni hi a Michael, meddyliodd Carol, gan eistedd i lawr yn bwdlyd. Munud glywodd hi'r genadwri, bu'r oblygiadau yn troi a throi yn ei meddwl. Ar ôl priodi, Richard fyddai *next of kin* Menna, yn hytrach na Michael. Petai Menna'n cicio'r bwced o flaen Richard, gallai Richard etifeddu'r blydi lot. Oedd Menna wedi gwneud ei hewyllys? Oedd, roedd hi bron yn sicr ei bod hi. Os oedd hi, allai hi dal ei newid a gadael y cyfan i Richard. Roedd hi'n siŵr iddi glywed bod gan Richard ferch. Gallai etifeddiaeth Michael haneru dros nos. Neu waeth, gallai Richard adael y cwbl lot i'w ferch, gan adael Michael heb yr un ffadan beni!

A beth am Penrallt? Falla y byddai Richard a Menna yn awyddus i werthu eu tai a phrynu lle newydd efo'i gilydd? Fyddai hi a Michael yn gorfod chwilio am le arall wedyn. Roedd 'na oblygiadau ariannol difrifol iawn i'r darpar undod yma. Yfodd y siampên cynnes ar un llwnc. Cynnes neu beidio roedd hi ei angen!

Un oedd yn bendant yn bell o fod yn hapus o glywed y newyddion oedd Eirian. Roedd yr olwg ar ei gwep yn ddigon i suro'r holl lefrith ar silffoedd Tesco Express Benllech.

'Tydach chi ddim yn meddwl eich bod chi wedi bod yn fyrbwyll?' hisiodd wrth ei thad, munud y cododd Menna i fynd i'r tŷ bach, ond eto o fewn ei chlyw. 'Dach chi prin yn nabod y ddynas.'

Ar ôl torri'r newydd wrth Michael a Carol, rhaid oedd piciad draw i ddweud wrth Eirian a'r teulu. Doedd gan Menna ddim llai nag ofn torri'r newydd. Doedd hi ddim wedi teimlo mor nerfus â hyn ers y noson honno pan sefodd ar lwyfan y bar bach yna yn Gran Canaria. Dim rhyfedd felly ei bod bron â marw isio pi-pi pan landiodd hi.

'Ma newyddion fel hyn yn haeddu siampên,' meddai Dafydd, gan godi ar ei draed a mynd i'r oergell. 'Eirian, wnei di estyn y gwydra, plis.'

Gan ochneidio'n ddyfn a digon uchel i bawb ei chlywed, cododd Eirian oddi ar y soffa'n anfoddog. Waeth bod Dafydd wedi gofyn iddi odro buwch efo llaw ddim.

'Rhaid i ni ddyweddïo'n amlach, hon ydi'r ail botel i ni ei hagor heno,' chwarddodd Richard, yn ceisio ei orau i ysgafnhau'r sefyllfa – er mai gwydriad yn unig a gafodd y ddau o'r botel gyntaf gan fod Carol, er ei holl brotestiadau am gynhesrwydd y siampên, wedi yfed y rhan fwyaf ohoni.

'Gawn ni beth? Gawn ni beth?' meddai Morgan a Siôn, y ddau wedi gwirioni'n lân bod Taid yn priodi.

'Na chewch!' brathodd eu mam.

'Duwcs, gad iddyn nhw ga'l rhyw fymryn,' meddai Richard, gan wenu ar ei ddau ŵyr bach. 'Ma hwn yn achlysur sbesial. Ddim bob dydd ma Taid yn priodi, naci, hogia?'

'Dach chi'n meddwl bod rhoi alcohol i ddau blentyn yn syniad da, yndach?'

'Neith gwydriad bach ddim drwg, Eirs,' meddai Dafydd, hwnnw hefyd yn ceisio tawelu'r dyfroedd. Â chalon drom, gwyddai Dafydd y byddai'r datblygiadau diweddaraf yma ym mherthynas ei dad yng nghyfraith a'i *lady friend* yn siŵr o gynyddu tymer ddrwg Eirian. A fo, yn anffodus, fyddai'n gorfod bod yn glust i'r holl refru.

Ochenaid fawr arall o gyfeiriad Eirian. 'Fyddan nhw ddim yn licio fo, beth bynnag.'

'Os ydach chi'n priodi Taid, ma hynny'n meddwl y byddwch chi'n Nain i Morgan a fi wedyn,' meddai Siôn wrth Menna.

'Na fydd. Fydd hi ddim,' meddai Eirian fel bwled. 'Llys nain fydd hi.'

'Be ydi llys nain?' holodd y bychan wedyn.

'Dynes sydd wedi priodi Taid ond sydd ddim yn nain go iawn i ti.' Rhoddodd Eirian bwyslais mawr ar y ddau air 'go iawn'.

'Dim ond gwydriad bach i mi,' meddai Menna'n dawel wrth i Dafydd dollti'r siampên. 'Dwi'n dreifio.' Cynta'n byd y câi adael y gorau. Gallai rhywun dorri'r awyrgylch oeraidd yn y stafell efo twca.

'Duwcs, arhosa acw heno, sdim isio i ti fynd adra siŵr,' meddai Richard, yn trio ei ora i anwybyddu ymddygiad ei ferch.

Pasiodd wydr o siampên i Menna a rhoddodd ei fraich yn warcheidiol o gwmpas ei hysgwydd. Plannodd gusan fechan ar ei thalcen. Mi allai'r edrychiad a roddodd Eirian i'r ddau fod wedi lladd dreigiau.

'Reit,' cliriodd Dafydd ei wddw, yntau hefyd wedi sylwi ac, yn anffodus, yn adnabod yr edrychiad ond yn rhy dda. 'Ga i gynnig llwncdestun? I Richard a Menna.'

Cododd pawb eu gwydrau, gan gynnwys y ddau fach oedd wedi cael llond gwniadur o'r stwff pefriog. Pawb hynny ydi ond Eirian. Yn fwriadol amlwg rhoddodd ei gwydr siampên llawn yn ôl ar y wyrctop a tharanodd allan o'r stafell.

Eiliadau o saib anghyfforddus.

'Gawsoch chi amser da yn Llundain, felly?' gofynnodd Dafydd i'r ddau ymhen sbel. Y creadur yn trio ei orau i wneud yn iawn am absenoldeb disymwth ei wraig o'r dathliadau.

'Do wir,' atebodd Richard yn or-joli. Roedd ymadawiad ei ferch yn pwyso'n drwm arno.

'Ych! Ma hwn yn afiach!' datganodd Siôn, gan dynnu wyneb a phasio'r gwydr yn ôl i'w dad.

'Ar ôl prynu'r fodrwy, a chinio bach i ddathlu, fuon ni ar y London Eye, do, Menna? Fuon ni'n lwcus iawn o'r tywydd. Oedd hi'n berffaith glir ac oeddat ti'n medru gweld am filltiroedd.'

'Do, a bora Sul fuon ni yn Amgueddfa y Victoria ac Albert. Ac yn ôl i Covent Garden. Gafon ni ginio bach neis yn fanno, do, Richard?' ategodd Menna, hithau hefyd yn trio dweud rhywbeth i lenwi'r gwagle anghyffordddus ers diflaniad Eirian.

'Ond lle prysur ydi Llundain. O'n i wedi anghofio lle mor flinedig ydi o,' meddai Richard wedyn, yn rhyw led obeithio y byddai Eirian yn dod yn ei hôl. Ond yn y bôn yn gwybod yn iawn fod 'na fwy o obaith i Theresa May ddychwelyd yn Brif Weinidog.

'Ond mi wnaethoch chi fwynhau eich hunain?'

'Ew, do, siort ora, do, Menna?'

Nodiodd Menna ei phen yn gytûn.

Eiliadau eto o dawelwch anghyffordddus. Allai Richard ddim goddef mwy.

'Ydi Eirian yn iawn, dwa?'

'A'i i weld lle ma hi.' Cododd Dafydd a mynd i chwilio am ei wraig. Edrychodd Richard a Menna ar ei gilydd.

'Ella y bysa'n well i ni fynd, Richard,' awgrymodd Menna'n dawel. Blasai'r siampên yn fflat fel eu hwyliau hwythau bellach.

Nodiodd yntau ei ben.

'Gawn ni ddŵad efo chi i Lundain tro nesa?' holodd Morgan. 'A gawn ni fynd i Madam Tw Sords? Ma fanno mor cŵl.'

'Gawn ni weld, ia?' atebodd ei daid, gan wenu'n wan.

'Ydach chi wedi bod yn Madam Tw Sords?' gofynnodd y bychan i Menna.

'Naddo, cofia. Ydi o'n lle da?'

'Mae o'n amesing. Ma pawb sy'n rhywun yna. Models ohonyn nhw wedi cael eu gneud allan o wacs. Welis i Cristiano Ronaldo a mae 'na le sbesial lle dach chi'n cerdded drwodd efo petha *Star Wars*. O'dd 'na models o Darth Vader a Luke Skywalker a phawb. O'dd o mor cŵl. Oeddan nhw'n edrach yn union fatha rhai go iawn.'

'O'n i ddim yn licio y rhan yna.' Clywyd llais bychan Siôn. 'O'dd hi rhy dywyll yna.'

Ar hynny daeth Dafydd yn ôl i mewn a golwg embaras ar ei wep.

'Ydi Eirian yn iawn?' holodd ei thad yn boenus.

'Ym... meigren... Ma hi wedi mynd i orwedd i lawr.'

Roedd hi'n berffaith amlwg i bawb mai esgus tila oedd hwnnw.

'Fysa'n well i ni fynd, Richard. Mae hi'n mynd yn hwyr a'r hogia bach 'ma efo ysgol fory,' meddai Menna, gan estyn am ei chôt.

'Yndi. Yndi, ti'n iawn. Ma hi yn mynd yn hwyr.'

Digon tawedog oedd y ddau yn ystod y daith fer o dŷ Eirian i gartre Richard. Roedd ymddygiad honno wedi taflu llond bwced o ddŵr oer ar eu dathliadau. Roedd Menna wedi ofni mai fel hyn y byddai pethau, ac yn anffodus, ni chafodd ei siomi.

Diffoddodd Richard injan y car ac fel roedd o'n mynd i agor ei wregys diogelwch, trodd Menna ato a gofyn, 'Ti'n meddwl ein bod ni'n gneud y peth iawn, Richard?'

'Be ti'n feddwl?' gofynnodd hwnnw a golwg boenus ar ei wyneb.

'Priodi. Fysa'n well i ni adael petha fel ma'n nhw, dwa?'

'W't ti wedi newid dy feddwl? Ti ddim isio fy mhriodi i?'

'Naddo siŵr. Wrth gwrs fy mod i isio dy briodi di. Ond meddwl am bobol erill dwi a...'

'Gwranda,' torrodd Richard ar ei thraws. 'Hitia di befo am bobol erill. Y chdi a fi sy'n bwysig. Neb arall. Os oes gan bobol erill broblem efo'r ffaith dy fod ti a finna'n priodi, wel, eu problem nhw ydi o. Ddim ein problem ni. Ti'n dallt? Ma ganddyn nhw eu bywydau eu hunain, eu teuluoedd eu hunain. Ma'n amser i ni'n dau roi ein hunain gynta rŵan.' Gwasgodd Richard law Menna yn dynn. 'Dwi isio bod efo chdi, Menna. Dwi isio deffro bob bora efo chdi a dwi hefyd isio mynd i gysgu bob nos efo chdi. Ac fel ddudodd Dewi Sant, dwi isio gneud "y pethau bychan" efo chdi.'

'Y petha bychan?' gofynnodd Menna yn ddryslyd.

'Pethau fel cael brecwast efo'n gilydd, mynd i Morrisons, neu le bynnag efo'n gilydd, mynd i'r ganolfan arddio a llefydd felly efo chdi. Gneud y petha diflas hynny mae hen bobol fatha chdi a fi yn eu neud efo'i gilydd. Dwi isio eu gneud nhw i gyd efo chdi.'

'Fel mynd i Tweedmill?' gofynnodd Menna, gan wenu'n slei. Gwyddai'n iawn mai'r ganolfan siopa honno ar gyrion Llanelwy oedd un o gas lefydd Richard yn y byd i gyd.

'Wel, ella ddim cweit bob dim,' gwenodd yn ôl arni. 'Ond dwi yn cofio chdi'n sôn yn Gran Canaria y bysat ti wedi licio gweld mwy o'r hen fyd 'ma a dwi wedi bod yn meddwl, ma gin i y syniad yma dwi isio ei drafod efo chdi. Ond tyrd, awn ni mewn, mae'n oeri.'

Wrth i'r ddau gerdded law yn llaw o'r car i gyfeiriad y fflat, trodd Menna ato a dweud, 'Richard?'

'Mmm?'

'Gawn ni rannu banana amser brecwast?'

'Rhannu banana?' gofynnodd Richard yn syn.

Nodiodd Menna ei phen.

Chwarddodd Richard. 'Cei, os lici di. Mi ranna i fy manana, fy afal a hyd yn oed fy oren efo ti.'

Ffansi paned?

'WEL, LLONGYFARCHIADAU MAWR! Dewch i ni gael gweld y fodrwy, 'ta!'

Eleanor Taylor oedd y person diwethaf roedd Menna'n dymuno dod wyneb yn wyneb â hi yn yr eil powdr golchi a'r papur lle chwech. Eleanor oedd dal wedi'i gwisgo o'i chorun i'w sawdl mewn *beige* a dal o leiaf stôn a hanner dros ei phwysau. Dyfarodd yn syth nad oedd hi wedi mynd i Aldi i wneud ei siopa bwyd yn hytrach na Tesco. Dyma'r pris roedd hi'n gorfod ei dalu am benderfyniad mor annoeth, gorfod dioddef hefru Eleanor Taylor a'i hen sent sicli.

Cythrodd Eleanor yn llaw Menna, gan astudio'r fodrwy am yn hir iawn. 'Mmm, neis iawn, iawn. Mae hi'n debyg iawn i fodrwy Hannah. *Princess cut* ydi honna hefyd. Yn y siop ddrud 'na'n Gaer gafodd hi un hi. Ma 'na fodrwyau absolwtli *out of this world* yn fanno. Drud cofiwch. Ond ma rhaid talu os dach chi isio'r gora, does? Yn fanno gawsoch chi hon, ia?' pysgotodd Eleanor, yn dal i lygadu'r fodrwy ddisglair.

'Llundain,' atebodd Menna'n gyndyn.

'Llundain! Bobol bach, aethoch chi'n bell iawn i brynu modrwy, do ddim? Dwi ddim wedi bod yn Llundain ers talwm iawn, iawn. O'n i'n sôn wrth Gerald neithiwr y bysa hi'n neis mynd ryw benwythnos. Gweld sioe, gweld y seits, pryd o fwyd neis. Ond drud ydi o, 'te? Waeth i chi fynd am frêc bach dramor ddim. Cymaint rhatach. Ella dyna wnawn ni, deud y gwir, Paris neu Fenis. Rwbath i edrach mlaen ato fo ar ôl y briodas, 'te. Ma

Gwenda wedi bod yn tynnu gwallt ei phen ynglŷn â'r meniw. Mae Mark, darpar ŵr Hannah yn figan, ac yn seliac. Ond ma'n nhw am neud ryw *Vegan Sweet Potato, Spinach and Chickpea Bake* iddo fo, beth bynnag ydi peth felly,' meddai Eleanor, gan droi ei thrwyn. 'Bîff ma pawb arall yn ei gael. Ma 'na wastad un, does? Ydach chi wedi penderfynu ar ddyddiad eto, 'ta?'

'Ddim cweit.'

'Wel, taswn i yn chi, mi fyswn i yn gafael ynddi reit handi. Ma'r hotels yma'n cael eu bwcio flynyddoedd o flaen llaw. Blynyddoedd cofiwch! A fedrwch chi'ch dau ddim fforddio gwitsiad na fedrwch, wel, ddim yn eich hoed chi. Glywsoch chi am John Mason, do? Eirwen oedd yn deud wrtha i yn yr Inner Wheel nos Lun. O'dd o wedi piciad i B&Q i nôl paent *emulsion* gwyn, a mi oedd Patricia yn ei weld yn hir yn dŵad yn ei ôl. O'dd hi wedi gobeithio y bysa fo wedi gorffen paentio'r drysau erbyn amser cinio, dach chi'n gweld. Oeddan nhw wedi planio piciad i Landudno yn y pnawn i chwilio am soffa newydd. Ond erbyn dallt, mi oedd John druan wedi colapsio yn B&Q, yng nghanol y tuniau paent Farrow and Ball, cofiwch. Dyma nhw'n galw am ambiwlans a'i ruthro fo am Ysbyty Gwynedd ond o'dd o wedi mynd cyn iddyn nhw droi mewn i'r entrans. Masif *heart attack*. Cradur. Meddyliwch mewn difri, codi yn y bore yn teimlo fel ebol blwydd, piciad yn sydyn i nôl tun o baent a marw cyn cinio! Welodd Patricia druan ddim DFS eto. Wir i chi, does neb yn gwybod be sy rownd y gornel, nagoes? A diolch am hynny, fydda i yn ei ddeud.'

'Wel, neis eich gweld chi, Eleanor. Well i mi fynd, ma gin i apwyntiad gwallt am un ar ddeg.'

Un ar ddeg y diwrnod wedyn oedd apwyntiad Menna. Ond beth oedd ychydig bach o gelwydd golau i gael gwared o'r hen geg?

'Dw inna yn mynd am liw a cyt fory hefyd,' meddai'r geg drachefn. 'Mi fydd o wedi setlo cyn y briodas wedyn. Ga i *blow dry* ar fora'r briodas ei hun, wrth gwrs. Ma genod salon Hair and Beauty yn gneud gwalltiau a mec yp pawb.'

'Neis iawn.' Gwnaeth Menna sioe fawr o edrych ar ei horiawr a symud ei throli'n araf i ffwrdd. 'Wel, hwyl i chi rŵan.'

'Alwa i draw ar ôl y briodas,' gwaeddodd Eleanor ar ei hôl. 'Mi ddo i â'r lluniau efo fi.'

'Edrach mlaen yn barod,' atebodd Menna heb droi ei chefn. Byddai'n well ganddi ymweld â'r deintydd bob diwrnod am fis na gorfod dioddef fisit gan Eleanor Taylor a'i halbym o luniau priodas ei hwyres.

Cyrhaeddodd y til a dechreuodd osod ei siopa ar y belt. Doedd gan Menna ddim amynedd efo tils *self-checkout* bondigrybwyll. Ar yr adegau prin hynny pan oedd hi wedi'u defnyddio, yn ddi-ffael roedd y rhybudd hyll hwnnw am *Unidentified item in bagging area* wedi fflachio ar y sgrin o'i blaen. Roedd hithau wedyn yn llawn embaras wedi gorfod cael cymorth aelod o staff, gan wneud iddi deimlo'n hollol ddi-glem.

Yna, o gornel ei llygaid, gwelodd hi. Yn y til drws nesaf ond un. Eirian. Mynydd o siopa ar y belt. Yn bowdr golchi, papur lle chwech, yn fara, poteli gwin, ffrwythau, llysiau, heb sôn am y tuniau bwyd a'r prydau bwyd parod.

Er bod wythnosau wedi pasio ers eu cyhoeddiad am y dyweddïad doedd Eirian ddim wedi meirioli dim. Cadwai Menna allan o'i ffordd, gan osgoi gwneud nemor fawr ddim efo hi. Roedd Menna'n amau na chafodd yr hen Camilla, hyd yn oed, ei thrin fel hyn gan William a Harry.

Be oedd hi am ei wneud? Dweud 'helô' ta smalio nad oedd hi wedi'i gweld? Be oedd y peth gorau i'w wneud? Petai hi'n dweud 'helô', falla mai snyb y byddai'n ei gael yn ei ôl. Ond petai hi'n ei hanwybyddu, yna falla y byddai Eirian yn meddwl bod Menna yn ei snybio hi. Dyma beth oedd cyfyng-gyngor. Yn bendant dylai hi fod wedi mynd i Aldi. Doedd dim dwywaith am hynny.

Talodd am ei siopa. Penderfynodd smalio nad oedd wedi'i gweld. Roedd am ei phasio gan edrych i'r cyfeiriad arall, smalio ei bod yn darllen yr hysbysfwrdd ar y wal. I be âi hi i gyfarfod trwbwl? Calla dawo.

Fel roedd hi'n pasio clywodd lais Eirian yn llawn panig yn datgan, 'Fy mhwrs i! Ma mhwrs i efo fy nghardia i gyd adra yn fy mag arall!'

Roedd wyneb Eirian yn fflamgoch. Cyfuniad o gywilydd a phanic. Ei throli yn orlawn o fagiau ond heb unrhyw fodd yn y byd i dalu amdanynt yr eiliad honno. Ochneidiodd y *cashier* yn ddwfn a rowliodd ei llygaid. Doedd dim amdani ond galw'r rheolwr.

'Sciwsiwch fi, dala i,' clywodd Menna ei hun yn ei ddweud.

Trodd Eirian rownd yn wyllt o glywed llais ei darpar fam yng nghyfraith o bawb yn dyst i'w hembaras.

'Na, ma'n iawn diolch. Does dim isio i chi,' protestiodd.

Peth mawr ydi balchder, meddyliodd Menna. Syllodd ar Eirian ac yna ar y troli yn goferu o fagiau llwythog. Heb unrhyw air pellach, estynnodd ei cherdyn banc o'i phwrs. Yna rhoddodd ei cherdyn i mewn i'r peiriant bach a phwyso'r rhifau.

'Diolch i chi.'

Ai gwên wan oedd ar wyneb Eirian? Roedd Menna'n amau'n gry mai dyna beth oedd hi. Roedd y rhyddhad yn amlwg yn ei llais, beth bynnag.

'Dala i'n ôl yn syth i chi. Dwi'n addo.'

'Sdim brys siŵr.'

Wrth i'r ddwy gerdded allan o'r siop, trodd Menna at Eirian, 'Dach chi ffansi paned?'

'Wel, ym…' Wyddai Eirian ddim yn iawn beth i'w ddweud.

'Wna i dalu,' meddai Menna'n bryfoclyd.

Gwenodd Eirian yn ôl arni. Gwên go iawn y tro hwn.

Ar ôl mynd â'u bagiau siopa i fŵt eu ceir, aeth y ddwy yn ôl i'r caffi yn yr archfarchnad. Aeth Menna i brynu *latte* a *cappuccino* a dwy sleisen o *millionaire's shortbread* yr un iddyn nhw.

'Wn i ddim be fyswn i wedi'i neud tasa chi heb fod yna. Sôn am gywilydd,' meddai Eirian yn werthfawrogol. 'Fues i allan am bryd o fwyd efo criw o ffrindiau neithiwr, ac o'n i wedi newid fy handbag. A bore 'ma, 'nes i anghofio'n llwyr rhoi fy mhwrs yn fy handbag bob dydd. Wn i ddim lle ma fy mhen i y dyddia yma.'

'Dwi wedi'i neud o fy hun. Cofio llenwi y tanc petrol unwaith a mynd i mewn i dalu a ffindio nad oedd fy mhwrs yn fy mag. Lwcus mai'r garej lle dwi'n arfer prynu petrol o'dd hi. Oeddan nhw'n cofio fy hen wep i, diolch byth, ac yn fy nhrystio i. Es i'n syth adra i nôl fy mhwrs ac yna gyrru i'r garej i dalu 'nyled.'

'Neith banc transffyr yn iawn i chi? Tasa chi'n rhoi eich manylion banc i mi, mi alla i drosglwyddo'r pres yn syth bin i chi ar ôl cyrraedd adra.'

'Duwcs, does 'na ddim brys siŵr. Rhowch y pres i'ch tad. Ga'i o felly.'

Daeth cysgod dros wyneb Eirian yn syth pan glywodd y cyfeiriad tuag at ei thad. Synhwyrodd Menna fod y cadoediad byr ar ben. Roedd y tymheredd yn y caffi wedi gostwng o leiaf deg gradd.

Sipiodd y ddwy eu coffis heb yngan gair. Aeth eiliadau heibio. Pob eiliad yn teimlo fel oes.

Allai Menna ddim goddef mwy. 'Dach chi ddim yn meddwl

y bysa'n well i ni wynebu'r hen eliffant mawr 'ma sydd yn y stafell, dwch?'

'Sori?' Cododd Eirian ei phen a golwg ddryslyd ar ei gwep.

'Eich tad a finna. Dwi'n gwbod eich bod chi'n bell o fod yn hapus ynglŷn â'r peth. A mi fedra i ddallt sut dach chi'n teimlo.'

'Dwi ddim yn meddwl y gallwch chi,' atebodd Eirian yn oeraidd.

'Ma gweld eich tad efo dynes arall yn anodd i chi.'

Ochneidiodd Eirian, ac roedd ei llygaid yn llawn dagrau. 'Dwi jyst yn ei chael hi'n anodd cael fy mhen rownd y syniad. Mi oedd o a Mam mor hapus.'

'Mi oedd y ddau'n lwcus iawn i gael yr holl flynyddoedd yna efo'i gilydd.'

'Oedd y ddau'n caru ei gilydd cymaint.' Syllodd Eirian i mewn i'w choffi, gan chwarae'n ddibwrpas efo'r pacedi siwgr bach ar ochr ei soser.

'A tydi'r faith ei fod o wedi nghyfarfod i, ac yn mynd i fy mhriodi i, ddim yn golygu ei fod o'n caru eich mam mymryn llai.'

'Mae o fel tasa fo wedi anghofio pob dim amdani hi ers eich cyfarfod chi.'

'Bobol mawr, nachdi siŵr. Be wnaeth i chi feddwl hynny? Does 'na ddim diwrnod yn mynd heibio nad ydi o'n sôn amdani. A chitha hefyd.'

'Ydi o?' Cododd Eirian ei phen ac edrychodd ar Menna. Stopiodd chwarae efo'r pacedi siwgwr.

'Neithiwr ddiwetha o'dd o'n deud wrtha i am y tro hwnnw yr aethoch chi'ch tri ar eich gwyliau i Ffrainc, a mi oeddech chi'n methu'n lân â chael hyd i'r *gîte* lle roeddech chi'n aros. Fuoch chi'n chwilio am y lle am oriau.'

'O, ragol fawr, dwi'n cofio! Oedd Anti Gloria ac Yncl Neil wedi cyrraedd ers meitin a hitha bron iawn yn hanner nos arna ni'n tri'n landio. Ar lwgu.' Sylwodd Menna ar yr arlliw lleiaf o gysgosd o wên ar wyneb Eirian.

Aeth Menna yn ei blaen. 'A'ch tad yn flin, medda fo. Fel cacwn. Ond mi oedd eich mam yn chwerthin yn rhadlon braf. O'dd o'n deud nad oedd petha fel'na yn poeni dim arni. Cŵl braf bob amser.'

'Bob amser.' Roedd ei llygaid yn llawn hiraeth am ei mam.

Rhoddodd Menna ei llaw ar law Eirian a'i gwasgu'n dyner.

'Dwi ddim yn mynd i gymryd lle eich mam, Eirian. Fedrwn i byth ddod yn agos i lenwi ei sgidia hi a fyswn i ddim yn meiddio trio chwaith.'

'Dwi yn poeni amdano fo, weithia. Ei fod o'n unig.'

Sylwodd Menna nad oedd hi wedi gwneud unrhyw ymgais i dynnu ei llaw i ffwrdd.

'Dyna pam wnes i ei berswadio fo i symud i Benllech atan ni. Er o'n i ddim yn disgwyl iddo ffindio dynas arall chwaith.'

'Tydi fy mhriodi i ddim yn meddwl y bydd eich tad yn anghofio am y gorffennol, yr holl flynyddoedd y buodd o efo'ch mam. Mi fydd eich tad yn dal i garu eich mam ac yn dal i drysori'r holl flynyddoedd hapus y cawson nhw efo'i gilydd.'

'Ga'i ofyn rwbath i chi?'

'Cewch, tad,' meddai Menna. Beth yn y byd mawr roedd hon yn mynd i ofyn? Gofyn iddi ddiflannu o fywyd ei thad am byth?

'Fyswn i'n licio i Dad gael ei gladdu efo Mam.'

'Ddim am flynyddoedd eto gobeithio!' Roedd y geiriau allan o geg Menna cyn iddi hyd yn oed feddwl.

'Na, wrth gwrs ddim. Ond pan ddaw'r amser, ac os ydi o

yn mynd o'ch blaen chi, wel, liciwn i iddo fo a Mam fod efo'i gilydd. Gobeithio nad ydi hynny yn ormod i ofyn.'

'Wrth gwrs. Efo'ch mam ma o wedi bod briod hira. Tydi o ond yn deg i'r ddau fod efo'i gilydd. A beth bynnag, dwi'n bwriadu cael fy nghremetio.'

Daeth Menna i'r penderfyniad yma ar ddiwrnod cynhebrwng Jan. Dim ffiars o beryg roedd ei gweddillion hi yn mynd i rannu yr un twll â gweddillion Glyn. Roedd hi wedi treulio gormod o amser efo'r diawl pan oedd o'n fyw, ddim ar boen ei bywyd roedd hi'n mynd i dreulio tragwyddoldeb efo fo.

'Diolch i chi. Ma hynna'n bwysa mawr oddi ar fy sgwydda i. Dwi wedi bod yn methu cysgu'r nos yn poeni am y peth.'

'Wel, mi gewch chi gysgu'n dawel rŵan, ylwch.'

'Ga'i ofyn un peth bach arall i chi?'

Mawredd, doedd 'na ddim pall ar ofynion yr hogan 'ma, meddyliodd Menna.

'Wnewch chi plis fy ngalw i yn chdi?'

Gwenodd Menna. 'Gymri di baned arall?'

'Plis.'

'Arna chdi ddwy i mi rŵan,' tynnodd Menna ei choes a meddwl ar yr un pryd bod yna rywbeth reit ddeniadol yn Eirian pan oedd hi'n gwenu.

Wrth iddi yrru adre o'r archfarchnad, diolchodd ei bod wedi mynd i Tesco yn hytrach nag Aldi y bore hwnnw. Fyddai hi heb weld Eirian fel arall. Fyddai hi heb weld Eleanor Taylor chwaith, ond dyna fo, ni cheir y melys heb y chwerw, meddan nhw.

Reit 'ta, meddai hi wrthi ei hun yn uchel, ti wedi sortio'r ferch, dy fab a dy ferch yng nghyfraith nesaf.

Licish i 'rioed y lle

'**A**R WERTH?'
'Ma rhywun yn dŵad draw i brisio'r lle 'ma pnawn fory.'

Roedd Menna wedi galw cyfarfod rhyngthi hi, Michael a Carol. Roedd hi newydd ddatgan wrth y ddau fod Penrallt yn mynd ar werth.

'Cartra dy dad a finnau oedd hwn. Dy dad oedd ar dân isio'i brynu fo. A deud y gwir, licish i 'rioed y lle. Ma Richard a finnau yn awyddus i gael lle i ni'n dau.'

Co ni off, meddyliodd Carol. Roedd hi wedi bod yn ofni hyn drwy'i thin o'r eiliad y gwelodd hi'r fodrwy ddyweddïo ar fys ei mam yng nghyfraith.

'Felly, dwi wedi penderfynu gwerthu fyma a phrynu fila yn Gran Canaria.'

'Beth?'

Roedd Carol, a Michael ran hynny, yn methu credu eu clustiau.

'Ma 'na filas newydd sbon ar werth ddim yn bell o'r *complex* lle ma Gloria a Neil yn byw. Wel, mi rydw i a Richard wedi rhoi cynnig i mewn i brynu un a mi ydan ni newydd gael gwybod heddiw eu bod nhw wedi ei dderbyn. Rydan ni'n bwriadu byw yn fanno am hanner y flwyddyn ac yn Benllech yr hanner arall.'

Edrychodd Michael a Carol ar ei gilydd yn wyllt. Beth yn y

byd mawr oedd yn mynd i ddigwydd iddyn nhw'll dau rŵan? Roedden nhw wedi ymgartrefu'n wych ym Mhenrallt.

Sylwodd Menna ar yr edrychiad.

'Rwan 'ta, sdim isio i chi'ch dau boeni dim, dwi a Richard wedi bod yn siarad. Dach chi'n gwybod y tŷ sydd gan Richard yn Neganwy, wel, mae'r tenant sydd yno ar hyn o bryd yn bwriadu symud. Ac mi oeddan ni'n meddwl y bydda fo'n lle bach *champion* i chi'ch dau. Dim ond tafliad carreg o Landudno ydi o. A tydi o ddim yn bell o Fangor chwaith. Rhoith o amser i chi ailafael chwilio o ddifri am dŷ eto. Dwi'n siŵr fod gynnoch chi bres bach del ar gyfer deposit bellach.'

Roedd Menna yn llygaid ei lle wrth gwrs. Drwy arbed talu rhent na morgais ers dros flwyddyn a mwy roedd y ddau wedi llwyddo i gynilo miloedd.

'Dach chi'n mynd i fyw i Gran Canaria?' Roedd Michael yn methu credu'r peth.

Roedd Neil wedi cysylltu efo Richard i sôn am y filas oedd yn cael eu hadeiladu ddim yn bell o le roedd o a Gloria'n byw a holi tybed oedd gan Richard ddiddordeb prynu un. Pan ofynnodd Richard farn Menna ynglŷn â hyn, roedd hi'n gwbl gefnogol i'r syniad.

'Dwi am werthu'r tŷ yn Neganwy i dalu amdano,' roedd Richard wedi ei ddweud wrthi.

'Ma gin i well syniad o'r hanner,' meddai Menna. 'Be am i mi werthu Penrallt a be am i ti rentu'r tŷ yn Neganwy i Michael a Carol? Ac ella, maes o law, ei werthu iddyn nhw? Os fydd o'n plesio Carol, wrth gwrs.'

A dyna a benderfynwyd.

'Wel, dim ond am hanner y flwyddyn y byddwn ni'n byw yna,' meddai Menna wedyn. 'Mi fydd rhaid i chi ddod draw am fisit. A phan rydan ni draw yn fyma, mi fydd yna groeso mawr i chi'ch dau fynd draw i aros i'r fila. Ac, wrth gwrs, y chi'ch dau fydd piau fo rhyw ddiwrnod. Ar ôl i i mi gau'n llygada 'lly. Rhag ofn bo chi'n poeni mod i'n bwriadu newid fy ewyllys a rhyw lol felly, rŵan mod i'n priodi. Chi gewch bob dim ar fy ôl i ac Eirian bob dim ar ôl Richard. Mi rydan ni'n dau wedi bod yn trafod petha felly ac wedi bod yn gweld twrna.'

Roedd Carol a Michael yn gegrwth. Allent ddim credu eu lwc. Nid yn unig roeddynt yn mynd i gael rhentu tŷ yn Neganwy, tref lle roedd tai yn bell, bell allan o'u cyrraedd yn ariannol, ond hefyd roedd y ddau yn mynd i gael y defnydd o fila yn Gran Canaria. Yn wir, cytunodd y ddau yn eu gwlâu y noson honno mai'r peth gorau ddigwyddodd i bawb oedd i Menna gyfarfod â Richard

'O ia, ma gen i un peth arall dwi isio'i ddeud wrthoch chi hefyd. Bwciwch wsnos i ddydd Iau nesa i ffwrdd o'ch gwaith. Dwi 'di tshecio dy rota gwaith di, Michael, ac mi wyt ti efo diwrnod i ffwrdd yn barod yn digwydd bod.'

'Sut ydach chi'n gwybod?'

'Dwyt ti'n mynnu sgwennu dy rota gwaith ar fy nghalendr Country Cottages and Gardens i. Ddim bod ots gin i, gewch chi fynd â fo efo chi. Hen galendr digon diflas ydi o beth bynnag. Ei gael o'n bresant Dolig 'nes i.'

'Ie, ganddom ni,' meddai Carol yn biwis.

'Fel o'n i'n deud,' meddai Menna yn symud y sgwrs yn ei blaen yn o handi ar ôl rhoi ei seis neins ynddi, 'bwciwch wsnos i ddydd Iau nesa i ffwrdd.'

'Am be felly? Be sy'n digwydd wsnos i ddydd Iau? O'n i wedi meddwl mynd i chwilio am gar newydd,' meddai Michael yn bwdlyd.

'Gei di fynd i chwilio am gar newydd eto. Mi wyt ti angen dŵad i Langefni.'

'Llangefni? Pam ar wyneb y ddaear dwi angen mynd i Langefni?'

'Wsnos i dydd Iau am un ar ddeg, yn swyddfa gofrestru Llangefni, dwi a Richard yn priodi.'

Tyrd 'laen, 'ta, Dolly

PRIODAS FECHAN OEDD hi ar ddiwrnod gwanwynol o fis Ebrill. Doedd yr un o'r ddau yn dymuno ffys na sbloets fawr. Teulu a ffrindiau agos: Michael a Carol, Eirian, Dafydd a'r hogia, a Hywel a Derec. Roedd Gloria a Neil hefyd yn bresennol, y ddau wedi hedfan yn unswydd o Gran Canaria, a'r ddau wedi dod â'r haul efo nhw.

Gwisgai Menna ffrog a siaced lwydlas a chariai bosi bychan o rosod pinc a hufen yn ei llaw. Aeth Eirian a hithau i Gaer i chwilio am owtffits efo'i gilydd y dydd Sadwrn cynt a chael diwrnod i'r brenin. Roedd Richard hefyd yn smart o'i go' yn ei siwt las tywyll a'i grys gwyn a'i dei binc. Allai Menna ddim llai na meddwl ei fod yn debycach fwy nag erioed y diwrnod hwnnw i Kenny Rogers.

Ar ôl y seremoni, aeth y parti bach o ddeuddeg ymlaen i Blas Ceiri i gael cinio. Allai'r ddau feddwl am nunlla fwy addas, gan mai yn y pwll nofio yn y fan honno y digwyddon nhw daro ar ei gilydd unwaith eto.

Tynnodd Hywel ychydig o luniau yn y gerddi cyn mynd i mewn i fwynhau pryd o fwyd bendigedig. Ar ôl gorffen gwledda, cododd Richard ar ei draed.

'Ga i'ch sylw chi am funud bach bawb?' meddai, gan daro llwy yn ysgafn yn erbyn ei wydr siampên. 'Dwi'n gwbod ein bod ni wedi deud does 'na ddim areithiau i fod heddiw, ond fedra i ddim gadael i'r diwrnod arbennig yma fynd heibio heb ddeud gair neu ddau. 'Swn i'n licio diolch i chi gyd am ymuno efo Menna a finna heddiw. Wyddoch chi be? Dwi wedi bod yn ddyn ofnadwy o lwcus. Pum deg a phedair o flynyddoedd yn ôl mi wnes i gyfarfod â Gwen, mi briodon ni a mi fuon ni'n byw'n hapus iawn efo'n gilydd hyd nes i mi ei cholli hi. Mi oedd fy myd i ar ben…' Llyncodd Richard ei boer ac roedd yna gryndod yn ei lais. Gafaelodd Menna yn dynn yn ei law i'w gysuro. Rhoddodd hynny ryw hyder a nerth o'r newydd i Richard gario yn ei flaen. Cliriodd ei wddf. 'Ond mae o'n wir be maen nhw'n ei ddeud, 'chi. Does neb byth yn gwybod be sydd rownd y gornel. Wnes i rioed feddwl am eiliad y byswn i'n cyfarfod rhywun arall. Doeddwn i ddim hyd yn oed yn chwilio am rywun arall.' Gwenodd Richard, gan edrych ar ei wraig newydd. 'Ond pan welis i hon yn sefyll ar y llwyfan bach yna yn Gran Canaria, mi wyddwn i, mi wyddwn i fod 'na rywbeth arbennig amdani. O'n i'n meddwl ar ôl y noson honno na fyswn i byth yn ei gweld hi eto. Ond yna bedwar mis yn ddiweddarach, yn y lle mwyaf annisgwyl, fan hyn o bob man, mi ddaeth hi'n ôl i fy mywyd i. Fel o'n i'n deud, dwi wedi bod yn ddyn ofnadwy o lwcus. Dwi wedi bod yn lwcus i ffindio cariad ddwywaith yn fy mywyd. Cariad dwy wraig arbennig iawn. Tydi pawb ddim mor ffodus i gael hyd iddo unwaith yn eu bywydau heb sôn am ddwywaith. Diolch i ti, Menna, am ddod â hapusrwydd a llawenydd yn ôl i fy mywyd i. Diolch i ti am fy ngharu i. Codwch eich gwydrau felly plis, i Menna, fy ngwraig.'

'I Menna.'

Cododd pawb eu gwydrau'n llawen, gan gynnig llwncdestun i'r briodferch falch.

Edrychodd Menna o'i chwmpas yn gwerthfawrogi cael bod yng nghwmni'r rhai yr oedd hi'n eu caru ac yn meddwl y byd ohonyn nhw.

Er mi roedd yna un person ar goll wrth gwrs. Un ffrind oedd yn absennol ar y diwrnod arbennig hwn. Daeth dagrau i'w llygaid wrth iddi gofio'r diwrnod hwnnw pan ymddangosodd Jan ar riniog ei drws tu ôl i'r tusw mwyaf o flodau lliwgar a welodd Menna erioed yn ei bywyd. Byddai wedi gwneud unrhyw beth i'w chael hi yno heddiw. Gallai hi bron iawn ei gweld hi'n eistedd wrth ochr Hywel a Derec, yn codi'i gwydr ac yn rhoi winc ar Menna fel petai hi'n dweud: 'Da iawn ti yr hen 'ogan. Ddudis i, do? Ddudis i y bysa hwn yn gneud i chdi. Ti wedi cyfarfod hen foi iawn o'r diwedd.'

'Ti'n olréit?' gofynnodd Richard wrth iddo sylwi ar yr olwg bell yn ei llygaid.

'Yndw, yndw, tad.' Ymwrolodd Menna a gwasgodd ei law yn dynn. 'Ti'n meindio piciad â fi i rwla'n sydyn wedyn?'

'Wrth gwrs,' gwenodd.

'Reit ta, allan â chi,' gorchmynnodd Hywel a oedd wedi codi o'i sedd ac wedi dod draw at y ddau. 'Dwi isio tynnu mwy o luniau ohonoch chi yn y gerddi. Dewch yn eich blaenau.'

'Ond ti wedi tynnu llwyth yn barod,' protestiodd Menna. 'Pam ti isio tynnu mwy, neno'r tad?'

'Ma'r gola'n well erbyn hyn. Dim gymaint o *flare* a *glare* yr haul.' Sylwodd hi ddim ar Hywel yn rhoi winc slei ar Richard.

'Tyrd yn dy flaen,' cododd Richard, gan afael yn ei llaw a'i harwain i'r heulwen. Dilynodd gweddill y criw hwy allan o'r Plas. Sylwodd Menna fod Siôn a Morgan yn giglan yn dawel.

'Be sy'n mynd ymlaen, Richard?' gofynnodd Menna'n amheus.

'Reit, cau dy lygaid, a phaid â'u hagor nhw hyd nes dwi'n deud.'

Gwnaeth Menna fel roedd Richard yn ei ofyn iddi. Roedd hi'n berffaith amlwg erbyn hyn mai esgus oedd y lluniau. Be andros oedd yn mynd ymlaen? Gafaelodd yn ei llaw a'i harwain yn ofalus ar hyd y graean.

'Reit, gei di eu hagor nhw rŵan.'

Allai Menna ddim credu ei llygaid. Syllodd yn gegrwth ar y motorhôm sgleiniog newydd sbon oedd wedi'i barcio'n dwt o flaen y gwesty.

'Chdi ddudodd y bysat ti wrth dy fodd yn trafeilio. Dwi wedi llogi hon i ni fynd ar ein mis mêl. Ac os ffindian ni ei bod hi'n plesio, wel, mi gawn ni brynu un ein hunain.'

'Wrth gwrs y bydd hi'n plesio.' Methai Menna â thynnu ei llygaid oddi ar y cerbyd. Roedd hi wedi dotio. 'Richard Evans, dwi'n dy garu di, ti'n gwybod hynny?'

'Dwi'n meddwl mod i. Reit 'ta, Mrs Evans, i mewn â chdi. Mae'r mis mêl yn cychwyn rŵan... o'r funud yma.'

'Be? Ond dwi ddim wedi pacio na dim!'

'Sdim isio i ti boeni am betha fel'na. Mae bob dim wedi'i sortio.'

'Tra oeddach chi wedi mynd i neud eich hewinedd ddoe,' meddai Eirian gan wenu, 'mi fuodd Carol a finna yn slei bach yn pacio ar eich rhan chi.'

'Dyna pam o'n i'n methu cael hyd i fy neit crîm neithiwr. Dach chi gyd wedi bod yn rhan o'r cynllwyn yma. Genod drwg!' chwarddodd Menna.

Ar ôl ffarwelio efo pawb camodd y ddau i mewn i'r motorhôm crand. Cychwynnodd Richard yr injan.

'Cofiwch chi rŵan, *clunk click every trip!*' winciodd Hywel yn awgrymog ar y ddau, gan godi ei law'n wyllt.

Ffromodd Eirian arno. Falla ei bod hi wedi meirioli tuag at y syniad o'i thad yn ailbriodi ond roedd y syniad o'i thad yn ailafael yn ei fywyd rhywiol yn rhywbeth nad oedd hi eisiau meddwl amdano, diolch yn fawr iawn.

Gosododd Menna y posi bychan ar y bedd. Syllodd ar y geiriau syml oedd ar y garreg fedd fechan.

Janet (Jan) Anne Owen
1943–2019

Yn ôl ei dymuniad, claddwyd ei llwch drws nesaf i fedd ei rhieni ym mynwent eglwys y pentref.

'Biti na ches i gyfle i ddod i'w hadnabod hi,' meddai Richard.

'Mi o'dd hi'n un o fil. Ffrind arbennig iawn.'

Yno fuodd y ddau yn sefyll yn dawel ac yn synfyfyrio am sbel.

'Tyrd, mae'n dechra oeri,' meddai Richard, gan estyn ei law iddi.

Ymlwybrodd y ddau law yn llaw yn ôl i'r motorhôm oedd wedi'i barcio'n dwt o flaen y fynwent.

'Reit 'ta, Mrs Evans, lle ti'n ffansi mynd?'

Heb feddwl ddwywaith atebodd Menna, 'I Amsterdam. I weld y tiwlips.'

'Amsterdam amdani felly.'

Taniodd Richard yr injan ac i ffwrdd â'r ddau gan wibio ar hyd yr A55. Dechreuodd Richard fwmian canu efo'r gân oedd yn digwydd cael ei chwarae ar y radio. Allai Menna ddim credu ei chlustiau. Gwenodd ac yna dechreuodd chwerthin lond ei bol.

'Yli, dwi'n gwbod yn iawn na fedra i ddim canu, ond sdim isio bod yn gas nagoes?' pryfociodd Richard.

'Dim chwerthin am dy ben di ydw i. Y gân 'ma...'

'Be amdani hi?'

'Mae hi'n fy atgoffa i o ryw freuddwyd ges i un tro.'

'Dudwch fwy Mrs Evans, mae hon yn swnio'n freuddwyd ddiddorol iawn.'

'Dim ond rhyw freuddwyd wirion ges i un tro am Kenny Rogers.'

'O, Kenny Rogers, ia?' Gwenodd Richard gan roi winc arni. 'Tyrd laen, 'ta, Dolly.'

Heb angen mwy o berswâd, ymunodd Menna yn y gân. Richard a hithau yn morio canu efo Dolly a Kenny. Y ddau ar ben eu digon.

Islands in the stream
That is what we are
No one in-between
How can we be wrong
Sail away with me to another world...